Hans Petermann

Wo können unsere Träume wohnen?

Lebensnahe Gedichte und Erzählungen

FRIELING

Im Verlag *Frieling & Partner* erschienen von Hans Petermann bereits die Gedichtbände

„Leben, Liebe, Schicksalsmacht" (ISBN 3-8280-0258-7),

„Das Leben ist ein Welttheater" (ISBN 3-8280-0723-6) und

„Wach ins nächste Jahrtausend" (ISBN 3-8280-1079-2).

Die Schreibweise entspricht den Regeln der „alten" Rechtschreibung.

Die Deutsche Bibliothek CIP-Einheitsaufnahme
Petermann, Hans:
Wo können unsere Träume wohnen? : lebensnahe Gedichte und Erzählungen / Hans Petermann. Orig.-Ausg., 1. Aufl. Berlin : Frieling, anno 2001
ISBN 3-8280-1479-8

Hünefeldzeile 18, D-12247 Berlin-Steglitz
Telefon: 0 30 / 76 69 99-0

ISBN 3-8280-1479-8
1. Auflage anno 2001
Umschlaggestaltung: Graphiti
Bildnachweis: Archiv des Autors

Im täglichen Leben bestaunt man die Welt,
viel Erfahrung hat oft sich dazugesellt.
Da eilen die Menschen dem Glücke nach,
weil mancherlei Mensch so manches versprach.

Das Leben und Treiben im Glück und im Leid,
es hält für uns alle viel Rüstzeug bereit.
Auf alles, was lebt, und alles, was keimt,
hat auch sich von jeher ein Versmaß gereimt!

So schau dich nur um! Schau hin und schau her!
Bald spürst du es: Dichten ist gar nicht so schwer!

Vorwort

Das Leben fand nicht nur heute statt!
Und wenn man schon einige Jahrzehnte auf dieser Erde gelebt hat, wenn man gelernt, geliebt, gehofft, getröstet, gebetet, gesungen, gesehen, geschrieben hat und wenn man Wartender, Erlebender, Suchender und Zeitzeuge war und ist, dann hat man was zu sagen!

Lyrik lebensnah – das sind Gedichte und Texte, die das Leben schreibt!
Ernst und heiter, aktuell und besinnlich, menschlich und auch mahnend, erinnernd und lebensbegleitend, in erlebten oder beobachteten Situationen oftmals ihre Wurzeln habend, dankend, aus Heimatgedanken und Musikerlebnissen schöpfend, Natur und Schöpfung preisend und auch Politik und Umfeld beobachtend unter die Lupe nehmend, kurzum:
Irdisches Erleben, handverlesen –
allen sei es ins Herz geschrieben!

Und ich selbst?
In allen Lebenslagen, bei allen verantwortungsvollen Aufgabenstellungen in Familie, Beruf und kulturellen Aufgabenbereichen habe ich stets alles gegeben, was Herz und Seele vermochten.

Franz Schubert, der große Komponist in einer früher noch viel mehr romantischen Zeit, soll einmal gesagt haben: „Es wäre eine Sünde, nicht alles zu geben, was man kann oder zu was man fähig ist."

Ich möchte – literaturbezogen – hinzufügen:
„Nicht hochgestochen oder schwer verständlich, auch wenn man meint, die sogenannte Neuzeit erfordere neue Wortbildungen, Satzstellungen oder Töne. Wenn es aus dem Herzen kommen soll, muß ich *meine* Sprache sprechen dürfen, in Wort und Ton, ungekünstelt, unbeeinflußt, menschlich und von Herzen eben."

Die Themenvielfalt in unserem Leben ist schillernd wie die Farben eines Regenbogens. Und die Seiten eines Buches können wie Akkorde eines Chorals sein, wie das Jubilieren einer Festmusik oder auch inhaltlich bizarr wie die Wirren des Lebens.

Glückseligkeit und Tränen, oft genug dicht beieinander. Nehmen wir beides an, und spüren wir, wie es uns trägt, das Schicksal!

Die Seele einmal so richtig baumeln lassen, Kraft tanken, innere Ruhe finden – wer wünscht es sich nicht von ganzem Herzen! Alles hat seine Stunde: Arbeit und Einkehr halten, helfen und danken, hoffnungsvoll kämpfen und tröstend Geborgenheit geben, Mensch sein, in der kleinen Familie ebenso wie in der großen Welt. Zueinander stehen, aufeinander zugehen!

Hierin liegt das höchste Gut auf dieser Erde.

Das zu erhalten, sollte uns beflügeln, darüber zu reden, zu schreiben und danach zu handeln.

Wagen wir, glücklich zu sein!

In diesem Sinne wünsche ich allen, die dieses Buch erworben haben, viel Freude und Erbauung, aber auch Nachdenklichkeit und Besinnung.

H. P.

I

Über das Dichten

Vom Wert des Gedichtes

Ich habe lange nachgedacht,
was ein Gedicht beliebt wohl macht.
Da wär' so vieles zwar zu sagen,
doch endet alles nur in Fragen.
Sind es die Farben der Natur?
Ist es vielleicht die Hoffnung nur?
Schreibt man von Dingen unsres Lebens,
wär' da vielleicht die Müh' vergebens?
Spricht man von Heimat und von Liebe,
dann weiß ich nicht, ob Lob mir bliebe.
Es ist ein stetiges Verrenken,
will dazu vieles man bedenken.

Mir scheint, man fühlt sich dann befreit,
schreibt man mit Herz und Ehrlichkeit!

Dichtung und Gewichtung

Verse und Gedichte
sind wie die Gewichte.
Zarte Gramm für Herz und Seele,
daß uns der Impuls nicht fehle;
Pfund und Kilo sind die Kraft,
die man oft mit Worten schafft.
Zentnerschwer und grobgewichtig
zeigt Problem sich folgerichtig;
spielt man sinnvoll mit Gewichtung,
zeigt sich dies in guter Dichtung.

Gedichte, die das Leben schreibt

Gedichte, die das Leben schreibt,
Bekenntnis, was uns treibt und bleibt.
Gedanken voller Hast und Ruh',
denn ewig schlägt das Schicksal zu.

Gedichte, die das Leben schreibt,
als Hoffnung, wenn ein Sturm uns treibt.
Was uns bedrängt und was wir fühlen,
es wird in unsrer Seele wühlen.

Gedichte unsrer Erdenzeit
sind Spuren aller Menschlichkeit;
erlebt, geträumt und wahrgenommen
und aus dem Nichts das Licht erklommen.

Gedichte aus dem Stoff des Lebens;
man findet oder liest vergebens.
Es eilen fort die Lebensjahre,
doch Trost und Hoffnung, die bewahre!

Warum ich schreibe

Ich frag mich oft, warum ich schreibe,
warum es mich ganz einfach packt.
Es dienet nicht dem Zeitvertreibe,
such' ich das Versmaß voller Takt.

Ich kann es nicht für mich behalten,
was mich, was uns bewegt und quält,
wie alle Dinge sich entfalten
und was das Leben uns erzählt.

Ich wär' schon froh, wenn's manchen Leuten
dank meiner Worte bessergeht;
wenn die, die sich des Lebens scheuten,
erkennen, daß man sie versteht.

Auf den Inhalt kommt es an!

Gedichte gibt es auf der Welt
unzählige, soviel wie Sterne.
Gereimt und ungereimt geschrieben,
liest man sie denkend und auch gerne.

Es wäre falsch und auch vermessen,
sich festzulegen auf die Formen.
Wer Ungereimtes lieber mag,
auch der hat seine Normen.

Was mich betrifft, ich schätze beides,
obwohl ich selbst meist reimend schreibe.
Ich denke mir, es hat ein Reim
im Kopf die beßre Bleibe.

Und deshalb – Zeitgeist hin und her –
laßt mich in Reimen denken!
Das liest sich leicht, geht besser ein,
erfordert kein Verrenken.

Was immer aber Lyrik ist,
stets ist ein Thema vorgegeben.
Daß man den Inhalt recht erfaßt,
ist aller Ziel und mein Bestreben.

Diskussion über das Dichten

Der eine sagt: „Das mußt du schreiben!“
Und er bewundert alles Tun.
Ein anderer meint: „Ach, laß das bleiben,
und laß die Schreibmaschine ruh'n!“

Und wieder andre stört die Wortwahl,
denn das Direkte mag man nicht.
Da wird so manchem das Gesicht fahl,
und er signalisiert Verzicht.

Doch Bücherschreiber sind normal,
sind Menschen, so wie du und ich;
sie sagen auch: „Du kannst mich mal!“
und streiten und vertragen sich.

Es kann nicht nur Romantik sein,
nicht nur Schönfärberei!
Oft zieht auch Realismus ein,
und harte Worte sind dabei.

Sehn wir das Leben, wie es ist,
und das Gedicht als Teil zum Ganzen.
Wer stets am Kern der Wahrheit ist,
der braucht sich nicht verschanzen!

Worte

Mit Worten unser Leben malen,
das Hell und Dunkel dieser Zeit,
bereitet auch den Dichtern Qualen;
Romantik fehlt, man denkt in Zahlen,
und zuviel Schatten liegt bereit.

Mit Worten diese Erde schildern,
das tut mal gut und tut mal weh;
da ist so vieles am Verwildern,
und reichlich Grau erscheint auf Bildern,
die ich mit Worten malend seh'.

Mit Worten kann man viel zerstören,
jedoch als Trost auch viel erbau'n;
man sollte oft auf Worte hören,
niemals den Eid der Rache schwören
und auf den Sinn des Lebens schau'n.

Mit Worten, die von Herzen kommen,
gibt man dem Leben die Balance.
Uns allen wird ein Stein genommen,
der uns bedrückt macht und benommen.
Ist Hoffnung da, kommt auch die Chance!

Kleine lyrische Autobiographie

Geboren am Silvestermorgen.
An diesem Tag gab's keine Sorgen.
Mein Sternbildzeichen Steinbock ist;
ein Tier, das selten man vergißt.
Trotz zweier Hörner treu wie Gold
und von Gemüt dem Edlen hold.
Als Schüler Durchschnitt und auch besser,
bei Steigerungen wurd' ich kesser,
am liebsten Sport, Deutsch und Musik,
mitunter Kampf in Mathematik,
doch jede Prüfung stets bestanden;
es schien Gelerntes wohl vorhanden.

Als junger Mensch dann in die Lehre,
auf daß man sich im Leben wehre;
doch gab Musik, Theater, Dichtung
mir stets die eigentliche Richtung.
Trotz Kaufmann, Pharmazeut und Leiter
war doch die Lyrik mein Begleiter.
So war ich selbst ein Stück der Zeit
als Sucher wahrer Menschlichkeit.

Wenn auch der Krieg und seine Wunden
die Meinigen hat arg zerschunden,
so kam nach langen Aufbaujahren
doch auch zu mir ein Glück gefahren.
Drum leb' ich also hier und heute,
und zählt Applaus zu meiner Beute,
weil ich mit Lebenslyrik brav
den Kern der Dinge richtig traf,
dann bin ich dankbar, stolz und froh,
weil unser Leben nicht mehr roh!

Der Dichter

Er fühlt mit euch und schreibt es nieder,
er sieht die Dinge, wie sie sind;
er kennt die Träume, kennt die Lieder
und ist mal Greis und auch mal Kind.

Es ist sein Wort sehr klar und offen,
auch wild entschlossen kann es sein;
er schreibt von Sehnsucht und vom Hoffen
und von der Liebe und dem Wein.

Er schreibt vom Leben und vom Sterben,
vom Danken und von Zuversicht;
er warnt vor Krieg und seinen Scherben
und zeigt der Sonne helles Licht.

Es malt sein Wort die Jahreszeiten,
sein Versmaß zeigt uns Freud und Leid;
er mahnt und zeigt uns Meinungsbreiten
und grüßt die Heimat, die oft weit.

Quer durch die Skala der Gefühle
schreibt er für euch, wie er es sieht;
und wenn ihr steht im Weltgewühle,
dann denkt mal dran, was er euch riet.

Es tut mir so leid!

Es tut mir so leid,
bin ein Mensch unsrer Zeit!

Hab' auch meine Macken
und Hektik im Nacken!

Bin eitel und stolz
und doch nur aus Holz.

Kann trösten und geben
und hoffnungsfroh leben.

Will alles auf einmal
und ernte oft keinmal.

Muß weinen und lachen,
Kompromisse oft machen.

Möcht' Neues beginnen
und seh' Zeiten zerrinnen.

Vergebt mir, ihr Leute,
bin ein Mensch nur von heute!

Es tut mir so leid!
Bin ein Mensch unsrer Zeit!

Autobiographischer Rückblick

Oft ziehen die Gedanken
zu Kindheitstagen hin;
zum Elternhaus, zum Spiel im Garten,
zur Schulzeit auch mit frohem Sinn.

Und oft auch ist's ein Hauch von Wehmut,
ein Traum von fernem Heimatglück.
Und bin ich still in mich versunken,
seh' ich der Lieben treuen Blick.

Das Schicksal hat mir viel gegeben;
es gab mir Leid und Glück und Not.
Ich hatte Freude, hatte Lachen
und nach dem Kriege kaum noch Brot.

Ein guter Geist hat mich geführet;
ich sah die Städte neu erblüh'n,
es kamen Arbeit, Frau und Kinder,
des Himmels Segen, wie mir schien.

So hat Erfahrung mich geleitet.
Dem Himmel und den Freunden sei's gedankt!
Ich hab' kein Wort zuviel geschrieben,
es ist die Wahrheit, die hier rankt.

Drum schreib' ich stets, was ich erfühle,
in Worten und in Noten auf;
und wem's gefällt, der mag es sagen.
Und mögt ihr's nicht –
ich nehm' auch das in Kauf!

II

Heimat und Erinnerungen

Erinnerungen, so kann man sagen, sind das Salz in unserem Leben. Wünsche und Hoffnungen bestimmen unsere Wege, und tausend Nichtigkeiten vermengen sich mit den Wichtigkeiten des Lebens und der Gefühle. Träume, Hoffnungen, Erinnerungen begleiten uns ein ganzes Leben lang. Und gäbe es sie nicht, wie leer wäre dann manchmal unser Dasein!

O selig, ein Kind noch zu sein! – Bilder der Heimat, der Jugend, der Erinnerung an zerronnene Stunden …

Lieb Heimatland

Lieb Heimatland, laß mich gedenken
und dir voll Sehnsucht Grüße schenken!
Längst bin ich groß und du so weit,
und Einsamkeit macht sich so breit.

Lieb Heimatland, zu allen Zeiten
wird mich Erinnerung begleiten.
Wo ich auch steh', wo ich auch bin,
trag' ich dein Bild im Herzen drin.

Lieb Heimatland, ob nah, ob fern,
ich seh' am Himmel einen Stern
und träume, daß dies Himmelszelt
auch jetzt mein Dasein stets erhellt.

Erinnerung

Es klingt ein Lied so traut und fromm
mir aus vergangner Zeit,
ist wie ein Hauch von Frühlingsduft
und wie ein Festgeleit.

O freundlich-schöne Melodie,
verweil in meiner Näh'!
Mir ist so wohl, ich weiß nicht wie,
vorbei ist alles Weh.

Ich fühl's, auf sonn'gen, grünen Wegen
führst du mich hin zu jugendlichen Höh'n
und läßt mich träumen, selig träumen,
den Hauch der Heimat und der Jugend um mich wehn.

Oh, daß du immer bei mir weiltest
und mich der Jugend Antlitz schmückt!
Doch dreht das Rad der Zeit sich weiter,
und nur ein Traum hat mich beglückt.

Alte Heimat

Wenn die Wälder rauschen und das Herbstlaub fällt,
ziehen die Gedanken durch verträumte Welt.

Sehen dich, o Heimat, wie du liebst und lachst,
wie selbst in der Ferne du noch stolz uns machst!

Jahre sind vergangen, seit wir dich gesehn.
Stunden sind zerronnen ohne dein Erblühn.

Doch in unserm Denken, unserm Liederklang,
wirst du ewig winken, trautes Heimatland!

Heimat ist …

Heimat ist, wo du geboren,
wo du Liebe hast geschworen,
wo dein Herz in Treue steht,
wo kein Sturm dich je verweht.

Heimat ist, was dich begehrt,
was dir Kraft und Ruh' beschert,
was dir Leben gibt und Wärme,
was dir träumt im Licht der Sterne.

Heimat ist die grüne Erde;
alles, auch das Wörtchen WERDE.
Alles gibt doch einen Sinn,
hat die Seele Zugewinn.

Heimat ist in unsren Tagen,
wo das Glück dich hingetragen.
Überall, ob nah, ob fern,
blüht ein Glück und hat dich gern.

Vielen wird es so gehen, daß sie sich manchmal an den Ort zurückwünschen, wo schöne Erinnerungen, besonders wohl auch Jugenderinnerungen, ihre Wurzeln haben.

Wo die Wiege stand, man erstes Glück verspüren durfte und wo aller Anfang war. Vielleicht ist sogar mancher Kirchgang in der Heimatstadt in Erinnerung, wie z. B. bei mir. Mutter und Oma sangen im Kirchenchor der ehrwürdigen Bugenhagenkirche in Stettin. Und auch das hinterließ in mir etwas, wofür ich von Herzen dankbar bin.

Nur einmal noch!!!

(Gedicht aus der Ferne)

Nur einmal noch möcht' ich dorthin,
wo meine Wiege stand,
wo meines Herzens erste Freuden
und wo Geborgenheit ich fand.

Nur einmal noch möcht' ich dort gehn,
wo erstes Glück ich dankbar spürte,
wo in der Blüte meines Lebens
ein Hauch von Heimat mich berührte.

Nur einmal noch möcht' ich es sehn,
das Land, wo aller Anfang war;
dann bin ich dankbar und zufrieden
und trag's im Herzen immerdar.

Nur einmal noch in meiner Heimat
in einem Dome sinnend stehn;
dann mag das Schicksal mich erfassen
und mich, so Gott es will, verwehn.

Nach den Wirren des Zweiten Weltkrieges fand ich im März 1946 eine neue Heimat. Schule, Lehre, Beruf, kulturelle Aktivitäten – das Leben ein Lehrmeister! Wer Flensburg kennt, der weiß, daß Dänemark nur wenige Minuten entfernt ist. Ich lernte völkerverbindendes Leben kennen und fuhr oft zu den Hügeln an der Flensburger Förde, nach Solitüde, und schaute zum anderen Fördeufer hinüber, nach Dänemark. Jugendzeit, Nachdenkzeit.

Viele Jahre später, der Wohnsitz hatte aus beruflichen Gründen gewechselt, besuchte ich jene Hügel an der Flensburger Förde erneut und immer wieder – und ich dachte nach …

Auf den Klippen von Flensburg-Solitüde

Ich steh' hoch oben auf den Klippen,
schau auf die Förde sinnend hin;
vergangnes Lied leis auf den Lippen,
Erinnerung im Herzen drin.

War Kind und Jüngling hier vor Jahren
und voller Mut und Zuversicht,
hab' erstes Glück hier auch erfahren,
nun zieren Falten das Gesicht.

Du, Flensburg an der schönen Förde,
und gegenüber Danmarks Land!
Gab die Geschichte manche Bürde,
heut reichen Menschen sich die Hand!

O Hoffnung als des Himmels Hauch,
zeigst immer wieder Pfad und Stege!
Es eilt ein Jahr, das Leben auch,
und zeichnet unsre Wege!

So steh' ich hier auf diesen Klippen,
schau auf die Wellen sinnend hin.
Still naht die Träne, schweigen Lippen,
wird offenbar des Lebens Sinn.

Heimat

Heimat, liebe Heimat, du!
Gibst mir Kraft und gibst mir Ruh'!
Wenn du mir im Traum begegnest,
wenn du mir die Wege ebnest,
wenn das Heimatglück mir lacht,
hast du Frieden mir gebracht.

Draußen in der weiten Welt
muß ich kämpfen wie ein Held.
Wenn der Neid der andern plagt,
wenn die Sehnsucht bei mir nagt,
wenn das Schicksal mich verhöhnt,
stolz ein Heimatlied ertönt!

Heimat, liebe Heimat, du!
Gibst mir Kraft und gibst mir Ruh'!
Geht's im Leben auf und nieder,
sing' ich meine Heimatlieder.
Geh' ich meinen letzten Gang,
gilt auch dir ein lieber Dank!

Stets jung bleibt die Erinnerung

Es eilt das Leben wie ein Traum,
ist auch der Weg oft vorgegeben.
Ein Lebensjahr gleicht der Sekunde,
und Teil der Welt ist unser Leben.

Stets jung bleibt die Erinnerung;
in deinem Herzen blühet sie.
Laß sie gewähren, gib ihr Schwung,
dann holt die Einsamkeit dich nie!

Was dir in deinen Lebensjahren
an schönen Stunden ward gegeben,
das hast du als ein Glück erfahren
und wird dich lebenslang bewegen!

So bleibt Vergangenheit lebendig
und mischt im Spiel der Zeit die Karten.
Das Leben hält dich fit und wendig,
weil sich hier Glück und Seele paarten.

Irdisch gesehen

Licht und Schatten,
ewiger Wechsel.
Sonne und Mond,
Liebe und Haß.
Geben und Nehmen,
Säen und Ernten.
Hoffnung im Herzen
ohn' Unterlaß!

Erinnerung an einen wunderbaren Menschen

Erinnerungen an bestimmte Situationen oder Begebenheiten können bekanntlich sehr vielgestaltig sein. Und bevor ich mit einer kurzen Erzählung auf den Punkt komme, setze ich noch einige Bemerkungen voran:

Gespräche mit Menschen – da kann man was erleben und auch zu hören bekommen! Der eine nimmt sich gar zu wichtig, der andere wieder gibt sich bieder und bescheiden und meint es so.

Da gibt es den guten Zuhörer, mitfühlend, verständnisvoll, Rat gebend; und andererseits jenen Gesprächspartner mit dem großen Bedürfnis der Mitteilsamkeit, wobei mitunter noch ein Schuß Phantasie oder Eigenstimmung die dargebotene Information würzen soll.

Bunt wie ein Regenbogen sind die Themen und Redekünste, beeindruckend die Schilderungen, und unterm Strich – Plus oder Minus – stehen die Menschen mit ihrer unsagbaren Vielfalt der Gefühle, der Erlebnisse, der Erinnerungen, der Gesinnung.

Das Gespräch mit einem Mitmenschen kann auch zu einem wunderbaren Erlebnis werden, besonders dann, wenn dahinter nicht nur kalter Erfahrungsaustausch steckt, sondern auch der Wunsch, Lebenserfahrungen und Erinnerungen weiterzugeben und das Gute daraus lebendig zu erhalten.

Von einem solchen Gespräch berichtet die nachfolgende Erzählung.

Eines Menschen Größe

oder: Es leuchtet ein Licht!

Viele persönliche, sehr menschliche Gespräche hatte ich mit meinem wesentlich älteren Sangesbruder Albert Schippel vom Eutiner Männergesangverein. Und jeden von uns möge es nachdenklich stimmen, was hier an Gedanken, in einfache Worte gekleidet, aufgezeichnet wurde.

Eines Menschen Größe wird ja durchaus nicht immer nur durch die Lautstärke seines Redeorgans bestimmt, sondern mitmenschliche Größe beweist sich vor allem durch innere Größe, durch Hilfsbereitschaft und mitmenschliches Denken. Das hatte Albert Schippel bis zu seinem Tode in hohem Maße!

Albert Schippel, Inhaber der Goldenen Sängernadel für 50jährige Singetätigkeit sowie Inhaber des Bundesverdienstkreuzes wegen seines großen und jahrelangen landsmannschaftlichen Engagements, sagte und schrieb alles nieder, was er gerade so fühlte.

Er kannte viele meiner Gedichte und Chorkompositionen und wußte, daß wir beide sozusagen auf gleicher Wellenlänge lagen.

Was er mir in einer besinnlichen Stunde erzählte, war nicht nur das Bedürfnis, wichtige Erinnerungen aus seinem Leben mitzuteilen oder Meinungen auszutauschen. Er gab Lebenserfahrungen weiter, als er mich lesen ließ in seinen Aufzeichnungen aus der Kriegsgefangenschaft, die er lange Zeit hatte erdulden müssen. Darin dachte er oft an Familie und Heimat, schrieb Gedichte für seine Kameraden und war stets voller Hoffnung und Zuversicht.

„Es leuchtet ein Licht in dunklen Tagen!
Warum siehst du es nicht und willst verzagen?“

schrieb er im Lager Heathfield Heath, Camp Hill Hall.

Und im Lager Jabbecke/Belgien notierte er Anfang 1946 dieses:

„Du stehst gedankenschwer am Zaun,
schaust in die Ferne, siehst die Sterne ...“

Stets hatte er Rat für seine Kameraden und Mitmenschen. Einmal schrieb er:

„Wie ein Strom fließt unser Leben
hin in die Unendlichkeit.
Auf- und niedertauchend schweben
schicksalhaft vorüber Freud und Leid …“

Oder an einem Ostermorgen, als es ihn frühmorgens nicht mehr in der Baracke hielt und er ins Freie trat, schrieb er seine Empfindungen folgendermaßen auf einen Bogen Papier:

„Dämmrung hält mich noch umfangen, als ich in das Freie schritt. Mählich weicht des Nachtes Schleier. Festlich wie zur andachtsvollen Feier steigt die Sonn' empor.
Osterwunder, Auferstehung! Schon wie oft hört' ich das Predigtwort von der göttlichen Erfüllung. Voller Andacht ich mein Haupt entblöße vor des Schöpfers Macht und Größe. Wie vom selben Hauch getroffen, spür' ich Glauben, neues Hoffen …“

Einsam auch an Geburtstagen im Kriegsgefangenenlager schrieb er, nein, schrie er in sein kleines Tagebuch:

„Oh, könnt' ich euch ans Herze drücken …!“

Und einmal, im September 1947, richtete er an zwei Freunde und Kameraden folgende Worte:

„Vorwärts richtet euren Blick und euren Sinn! Kurz ist das Leben, und das Glück liegt nicht allein im Geld! Wer Lieb' und Freude schenken kann auf dieser Welt, ist wahrhaft glücklich!“

Und an anderer Stelle ließ er mich die Worte lesen:

„O Mensch, verliere nicht die Hoffnung!
Schau gläubig auf in deiner Not!“

Ganz besonders berührte mich seine Schilderung der Weihnachtsfeier 1947 im Lager Hill Hall. Das war bezeichnend für seine Hoffnungsstärke und sein Denken:

Albert Schippel *durfte* einen sogenannten Vorspruch zur Weihnachtsfeier im Lager schreiben und vorsprechen. Er tat dies damals, wie er mir anvertraute, voll innerlicher Demut und im festen Glauben an eine baldige Freilassung. In diesem Vorspruch heißt es:

> „Sei still, o Mensch, ganz still; vergiß des Tages Treiben.
> Aus Liebe schenkte Gott uns seinen Sohn,
> und Liebe schenkt er jeden Tag. Verzaget nicht!
> Seht in der Welt nicht nur das Weinen.
> Seht auch das Licht, die Freude!
> Es leuchtet uns ein Licht!
> Es leuchtet uns ein Licht!"

Diesen letzten Satz schrieb Albert Schippel zweimal hintereinander auf seinen Vortragszettel. Es war das Licht in seinem Herzen und in seiner Seele, das ihn zu einem so wunderbaren, aufrechten und stets hilfsbereiten Menschen machte.

Ja, er hatte recht! Und er übertrug seine Hoffnungsstärke, seine Lebensbejahung, seine Erfahrungen und Empfindungen auf seine Mitmenschen. Das alles kann nur aus einem tiefen, festen Glauben heraus geschehen sein. Den hatte er und außerdem die Lieder seiner Heimat und die Treue zu seinem Gesangverein.

Das sind *meine* Erinnerungen an diesen wunderbaren Menschen.
Dafür bin ich dankbar! ES LEUCHTET UNS EIN LICHT!

Das habe ich erlebt! Daran erinnere ich mich!

So könnte eigentlich die Überschrift zu den folgenden Erzählungen lauten. Geschehnisse und Begebenheiten in meinem Leben. Erinnerungen, wachgeblieben und wohlbehütet in meinem Herzen. Erlebtes, mitunter lehrreich und mein Leben formend; heiter und auch besinnlich, schicksalhaft und fordernd, so wie es das Wechselbad unseres Lebens hergab.

Da brechen wichtige Jugenderinnerungen durch; da hinterließ die Kriegs- und Nachkriegszeit ihre Spuren und machte diese Zeit zu einem ganz besonderen Reifeprozeß; da bestätigten sich weitsichtige Voraussagen eines alten Geschichtspädagogen; Schulhumor präsentiert sich, und das Zusammentreffen mit meinem alten Deutsch- und Musiklehrer nach Jahrzehnten wurde zu einem echten Herzenserlebnis.

Das Leben ein Lehrmeister! Und ein Welttheater!
Mit all seinen Licht- und Schattenseiten! Mit all seinen Possen, Dramen und Komödien, Freudentränen, Trauerrändern, Liedern und Chorälen, seinem Jubel und seinen Kritiken.

Das Machbare machen, stets auf dem Teppich bleiben, Toleranz üben und sich immer wieder erfreuen können an den wunderschönen Kleinigkeiten im Leben und dafür dankbar sein: Das meinte wohl auch mein Lehrchef, als er mir im Jahre 1952 anläßlich der bestandenen Prüfung in das Buchgeschenk die Worte schrieb: „Ein großer Mensch ist derjenige, der sein Kinderherz nicht verliert!“

Kindheits- und Jugenderinnerungen

Wie kann man nur gerade zu Silvester, am letzten Tag im Jahr, Geburtstag haben! Aber wie man weiß, kann man sich diesen Tag nicht aussuchen.
Wir lebten in jenen dreißiger Jahren in der damaligen pommerschen Hauptstadt Stettin. Meine wenigen Erinnerungen an diese frühen Kindheitsjahre kreisen um ein erstes Dreirad, um lange Schlittenfahrten in hohem Schnee, um ein fast unstillbares Verlangen nach Fahrten mit der Straßenbahn und um den Bau von Spielhütten aus alten Apfelsinenkisten. Davon gab es genug, denn der Vater eines meiner Freunde handelte mit Obst und Gemüse.
Opa Robert war Schneidermeister und sang für sein Leben gern. Zu Geburtstagen brachten ihm seine Sangesbrüder immer ein kleines Ständchen, worauf ein gemütlicher Umtrunk erfolgte.
Nie vergessen werde ich eine Chordarbietung, das Lied ICH BETE AN DIE MACHT DER LIEBE. Das war irgendwie so innig vorgetragen, daß einem ein Schauer den Rücken hinunterlief. Als ich dann, immerhin einige Jahrzehnte danach, die Langspielplatte BERÜHMTE CHÖRE geschenkt bekam, stand mit jener Melodie, mit jenem Choral dieses Jugenderlebnis wieder vor meinen Augen. In späteren Jahren habe ich dann selbst in den verschiedensten Gesangsvereinigungen mitgesungen, und an meinen vielfältigen Engagements auch auf diesem Sektor hat sich bis heute nichts geändert. Es bleibt einer anderen Erzählung vorbehalten, hierzu meine ganz besonderen Erlebnisse zusammenzutragen.
In nachhaltiger Erinnerung bleibt mir auch die Hausmusik; Vater Geige, Sohn Klavier. Meines Vaters Lieblingsstück war DICHTER UND BAUER von Franz von Suppé, welches er oft und mit wahrer Begeisterung geigte.
Oma Darkow, von einigen Verwandten auch gern Tante Trude genannt, hergeleitet von ihrem Vornamen Gertrud, hatte immer irgendein Volkslied auf den Lippen; und wenn sie beispielsweise ihr ÄNNCHEN VON THARAU trillerte, dann war die Welt für sie rundherum in Ordnung. Sogar aus der Oper MARTHA von Friedrich von Flotow sang sie manchmal irgendwelche Melodien. Wenn sie da mit viel Herz und Augenzwinkern stolz ihr MARTHA, MARTHA, DU ENTSCHWANDEST sang, wurden alle still. Eigentlich ist das ja eine Tenorpartie, aber die Wirkung von Musik, ganz allgemein betrachtet, füllt dennoch irgendwie ein Seelenloch.
Manchmal nahm Oma mich mit zu Chorproben in die alte Stettiner Bugenhagenkirche. Dort sang sie im Kirchenchor mit. Und weil ich mich immer sehr respektierlich dabei verhielt, geschah es häufiger, daß ich mitgenommen wurde.

Die Musik bedeutet mir auch heute noch ungeheuer viel. Und was Worte oder noch so fein gesetzte Lyrik oftmals nicht zu sagen vermögen – die Sprache der Musik rührt Herz und Sinne in wunderbarster Weise.
Ich bin überzeugt, daß viele derartige Erlebnisse in meiner Kindheit und Jugendzeit mich formend beeinflußt und geprägt haben. Es ist doch ein reicher und vor allem bewahrungswürdiger Schatz an Erinnerungen, der mir aus jener Zeit geblieben ist.
Vieles wäre wohl so gut und friedvoll weitergegangen, wenn nicht der unheilvolle Zweite Weltkrieg so viele Völker, Menschen und Familien in unsagbares Leid gestürzt hätte.
Auch mein Vater zählt zu jenen Opfern des Krieges. Ein recht tragisches Schicksal zudem, denn vom eigenen Posten wurde er im September 1943 in Finnland versehentlich angeschossen und tödlich verletzt; Lungendurchschuß.
Meine letzte Erinnerung an ihn war ein kurzer Fronturlaub Monate vorher. Meine Mutter, Onkel Karl und ich, wir drei brachten ihn spätabends die Treppe hinunter zur Haustür. Dann eine letzte Umarmung, so als wollte Vater sagen: „Habt Mut, haltet zusammen, seid voller Hoffnung, was auch geschehen mag; ich denke an euch, und in Gedanken sind wir immer beieinander!"
Dann ging Vater, von Onkel Karl begleitet, zum Bahnhof, wo der Fronturlauberzug wartete. Wir, die Zurückbleibenden, hörten noch die langsam verhallenden Schritte in der Nacht. Das war's. Von diesen verhallenden Schritten in der Nacht sprach Mutter noch viele Jahre danach.
Was dann folgte, ist relativ schnell berichtet: Bald ein letztes Aufbäumen der Fronten, Kriegsangst der Menschen, Flucht vor Luftangriffen auf die Städte, Rückkehr nach langem Fußmarsch in die teilweise zerstörte Wohnung, Hungersnot, Plünderungen nach Kriegsende, Kampf ums nackte Überleben.
Im März 1946, die Oder-Neiße-Linie wurde als Grenzlinie zu Polen gezogen, erfolgte die Zwangsumsiedlung der Deutschen nach Schleswig-Holstein.
In Flensburg, nach einem vorübergehenden Aufenthalt im Barackenlager Mürwik, freuten wir uns über die Zuteilung einer Wohnung bei einem älteren, kinderlosen Ehepaar in der Mürwiker Straße. Mit Rucksack, zwei Koffern und einer Tasche angekommen, war es ein dornenreicher, aber friedlicher Neuanfang. Mutters Kriegerwitwenrente und Oma Drakows Witwenrente ermöglichten uns dann nach und nach, wieder einige Möbel anzuschaffen und die neue Heimat zu akzeptieren.
Was machte es schon aus, auf einen Topf Wurstbrühe über zwei Stunden zu warten! Was machte es nach all den Erlebnissen und Entbehrungen schon aus, wegen eines Maisbrotes unendlich lange anzustehen!

Es war ja Frieden! Neuer Anfang! Und wie dankbar doch alle *damals* noch waren! Es gab sie wieder, die Besinnung auf die wahren und wirklich wichtigen Dinge des Lebens!
Und hier ist wohl auch der Grund zu suchen für den zunächst zaghaften Beginn des Niederschreibens vieler Erlebnisse und Gedanken, auch für das Schreiben besinnlicher Lyrik, welches im Laufe der Jahre immer fordernder und drängender wurde. Wahrscheinlich muß man im Laufe der Jahre viel erlebt und durchlebt haben, um so zu schreiben und zu formulieren, wie es meine Veröffentlichungen aufzeigen.
Erfahrungen, Erlebtes, Zeitgeist, Zeitzeugnisse – ob das alles Zeichen setzen kann? Ich hoffe es. Und ich sage weiter, insbesondere denen, die betroffen sind, und wann immer es das Schicksal einmal erfordert: LERNE IN DER NOT, UND VERGISS ES NICHT, WENN ES DIR WIEDER BESSERGEHT!

Hast du gelernt zu weinen, vertraue auf die Zeit.
Die Wunden werden heilen, hältst auch ein Lächeln du bereit.
Hast du gelernt zu lachen, so tu's mit Herz und Seele.
Sei dankbar diesem Schicksalslauf, und wie es kam, erzähle.
Hast du gelernt zu teilen, so bist du reich auf Erden.
Zufriedenheit wird bei dir weilen und echtes Glück dein eigen werden.

Mein Lehrer hatte recht!

Nach den furchtbaren Wirren des Zweiten Weltkrieges befand ich mich seit dem Frühjahr 1946 in Flensburg, einer der wenigen Städte, die nur wenig Schäden zu beklagen hatte. Um so mehr waren Herz und Seele der Menschen betroffen. Dankbar zwar, daß der Krieg endlich ein Ende hatte, war man doch in tiefe Ratlosigkeit getaucht. Wie würde es nun weitergehen in unserem Lande, politisch und wirtschaftlich?

Wohl dem, der einen kleinen Schrebergarten besaß, um Kartoffeln und Gemüse anzubauen! Alles war knapp und auf Zuteilung! Lebensmittelkarten, Spinnstoffscheine, Raucherkarten. Lange Warteschlangen vor den Geschäften. Steckrübeneintopf, oft ohne Kartoffeln und Fleisch, war eine Delikatesse! Maisbrot ein Geschenk des Himmels, um die hungrigen Mäuler zu stopfen!

Ein Gewirr von Menschen in den Straßen. Immer mehr Umsiedlungstransporte kamen aus den ehemaligen deutschen Ostgebieten und fanden Aufnahme, weil alle zusammenrückten.

Für mich begann wieder eine geregelte Schulzeit.

In der Flensburger St.-Jürgen-Kirche sang ich zusammen mit meinem Schulkameraden Karlheinz Gehrmann noch etliche Jahre im Kirchenchor, der von meinem Lehrer und Organisten Max Petersen geleitet wurde. Dieser förderte in hohem Maße das Kultur- und Musikinteresse seiner Schüler. Das war damals auch außerordentlich wichtig und wertvoll, und es zeigte vor allem den jungen Menschen, daß es Werte gab, die über alle Grenzen hinweg höher stehen als Krieg und Gewalt. Völkerverbindend, der Menschlichkeit und der Verständigung dienend!

Damals hielten es fast alle für ungeheuer wichtig, vielseitig engagiert zu sein. Mitmischen, wieder leben und erleben dürfen, aufbauen, sich am Frieden erfreuen als dem höchsten Gut aller Menschen!

Zurückdenkend fällt es mir leicht, mich an die letzten Schuljahre zu erinnern. Es waren wahrhaft vorbildliche, begabte und vor allem sich aufopfernde Pädagogen, die sich der aktuellen Themen und Probleme der Jugend vorbehaltlos, förderlich und engagiert annahmen. Und das war sicherlich wichtig im Hinblick auf eine gute Vorbereitung auf den Ernst des Lebens.

Eines meiner markantesten Erlebnisse aus dieser Zeit waren die Geschichtsunterrichtsstunden mit dem von uns hoch geschätzten Lehrer und Konrektor Bruhn. Seine Lehren, seine Weitsicht waren es, die mich in Erinnerung daran für diese Erzählung die Überschrift wählen ließen: Mein Lehrer hatte recht!

All das hier Erzählte entsprach dem Herzschlag jener Nachkriegsjahre. Und unverkennbar gehörte neben der großen Hoffnungsfreudigkeit der Menschen auch eine spürbare Skepsis dazu. Die große Frage war, ob ein Volk wie das unsrige mit seiner damals jüngsten Vergangenheit fertig werden würde. Wie und wann würde man uns wieder als voll akzeptiertes Mitglied der Völkergemeinschaft sehen wollen!?

Und da war es, wie ich zu behaupten wage, jener begnadete Geschichtslehrer Bruhn, der uns Schülern Antwort zu geben wußte und Zuversicht vermittelte. Klein und drahtig war er. Ich sehe ihn noch ganz genau vor mir, fast glatzköpfig und mit meist sehr strengem Blick.

„Schaut man mal her, Jungs!“ begann er meist, hob dann entweder seinen rechten Zeigefinger bedeutungsvoll oder verschränkte beide Hände eigenartig gefaltet vor seinem Bauch. „Deutschland ist ein großes Land und liegt in der Mitte Europas. Sein kulturelles Erbe, seine großen Dichter und Denker, seine großen Musiker, Künstler und Könner aller Fakultäten – ist das denn nichts gewesen in unserer langen Geschichte? Glaubt ihr wirklich, daß all dies so verdienstlos und vergänglich ist, daß wir und alle Welt es einfach aus dem Gedächtnis streichen könnten?“

Lehrer Bruhn machte eine lange Pause, schritt auf und ab. Still und angespannt erwarteten wir seine weiteren Ausführungen. Dann wieder sein erhobener Zeigefinger: „Die Welt muß und wird enger zusammenrücken! Insbesondere dies Europa wird einer Gemeinschaft zustreben! Wir brauchen die europäischen Nachbarn und unsere Freunde in der Welt, und sie brauchen uns! In der Gemeinschaft, beim Bau eines friedfertigen Europas und in Besinnung auf unseren Fleiß, auf unsere gemeinsamen Werte und unser kulturelles Erbe sind wir stark, werden wir alle erfolgreich sein! Dann werden wir die Anerkennung finden, die allen Völkern, die guten Willens sind, zukommt! Eines Tages, Jungs, denkt ihr an meine Worte! Laßt Fleiß, Gerechtigkeit und Toleranz in euren Köpfen herumspuken! Es ist die in Wahrheit beste Kapitalanlage für eine sichere Zukunft! Dann und nur so werdet ihr, werden wir, wird die Welt auf allerbestem Wege sein!“

Ich bekenne hier ganz offen, und wir alle wissen es längst: Mein Lehrer hatte recht!

Dank sei seinen Worten, die mir noch heute, nach so vielen Jahrzehnten, so klar in Erinnerung sind!

Wie ich einen alten Lehrer wiederfand

Erinnerungen? Wie wunderbar sie doch oft sein können!
„Wie das Leben so spielt!“ sagt man oft. Und in der Tat, das Schicksal führt uns oft seltsame Wege.
Immer wieder waren es geliebte Lehrer, die mir wegen ihres großen Könnens, aber auch wegen ihrer Menschlichkeit noch sehr gut in Erinnerung sind.
Über Lehrer Bruhn, Geschichtslehrer par excellence, habe ich bereits in einer separaten Erzählung berichtet; Lehrer Nachtigall, Biologielehrer und passionierter Pfeifenraucher, erscheint in einer anderen, humorvollen Schilderung aus der Schulzeit; und in dieser Erzählung nun geht es um meinen Deutsch- und Musiklehrer Max Petersen, der gleichzeitig als Kantor und Organist in Flensburgs St.-Jürgen-Kirche tätig war. Lange Jahre habe ich mit Klassenkameraden auch in seinem Kirchenchor mitgesungen, viel gelernt und viel mitgestalten dürfen. Als ich dann Ende der fünfziger Jahre, es muß wohl etwa 1957 gewesen sein, endgültig meinen Flensburger Wohnsitz verließ, hätte ich mir nicht träumen lassen, über 30 Jahre später ihn, Max Petersen, hocherfreut wiederzusehen.
Das kam so:
Im November 1988 hatte ich mit Herrn Pastor Runkel für das Gemeindezentrum St. Jürgen in Flensburg eine besinnliche Lyriklesung vereinbart. Sie verlief wunderbar, und in anschließenden Gesprächen lebten viele Erinnerungen auf. Wo war die alte Küsterfamilie Tilgner geblieben, bei denen ich früher so oft musizierte? Der Nachfolger, Herr Jochimsen, klärte mich auf, daß die Tilgners schon verstorben seien. Er bot mir an, ihn in die dem Gemeindehaus gegenüberliegende Kirche zu begleiten.
Da stand ich nun, und wie ein Film lief vor meinen Augen in Gedanken die Jugendzeit ab. Hier wurde ich konfirmiert; hier auf diesen Bänken habe ich gesessen; da vorne hat Pastor Wulf wunderbare Nachkriegspredigten gehalten.

St.-Jürgen-Kirche in Flensburg

Altar der St.-Jürgen-Kirche

Orgel der St.-Jürgen-Kirche

Mein Blick wanderte nach oben zur Orgel. Da waren noch die Chorbänke, auf denen ich damals gesessen hatte. Und ich sah in Gedanken wieder viele Gestalten vor mir, die damals neben mir gestanden und im Chor mitgesungen hatten. Und auch sah ich in Gedanken Max Petersen vor mir in seiner ihm eigenen Organisten- und Dirigentenmanier.
„Wollen Sie mal spielen?“ fragte Küster Jochimsen. Er hatte bemerkt, wie still ich geworden war, wie versunkenen Blickes ich zunächst dastand, um dann die Orgel zu betrachten.
„O ja“, sagte ich. „Klingt sie wohl noch so wie vor über 30 Jahren?“
Küster Jochimsen schloß das Orgelpult auf, ich spielte einen Augenblick. GROSSER GOTT, WIR LOBEN DICH war mein Schlußchoral. Und wer mir diesen Augenblick 30 Jahre vorher prophezeit hätte, ich hätte es ihm nicht geglaubt. Nun aber saß ich da und hatte einen so wunderbaren Trip in die Vergangenheit, ein so wunderbares Erlebnis, daß ich es wahrhaftig nicht mehr vergessen werde, solange ich lebe.

H. P.

Fertig mit dem Orgelspielen, konnte ich Herrn Jochimsen nur noch stumm die Hand drücken. Schweigend stiegen wir die Wendeltreppe von der Orgelempore wieder hinunter zur Eingangstür. Mein Herz – des Dankes voll. Meine Gedanken – sie verweilten noch lange hier. Meine Seele – sie verneigte sich vor einem gütigen Schicksal, welches mich hierhergeführt hatte.
Eine Steigerung vollzog sich etwa ein Jahr später, 1989, als ich als Chorleiter mit dem Bosauer Chor der Volkshochschule im Rahmen einer Flensburg-Tour auch die St.-Jürgen-Kirche aufsuchte und ich dort stand und dirigierte, wo schon vor Jahrzehnten mein großartiger Lehrer und Kantor seinen Chor dirigierte.
Doch zurück noch einmal zur Lyriklesung ein Jahr vorher, 1988. Da waren noch zwei Damen, die auf mich zukamen und fragten: „Kennst mich noch?" Nun hat man sich natürlich im Verlauf einiger Jahrzehnte etwas verändert, aber schnell war klar, es waren zwei ehemalige Chormitglieder, die zusammen mit mir damals unter der Leitung von Max Petersen gesungen hatten. Viel gab es zu erzählen, und ich erfuhr, daß Lehrer Petersen noch lebte, grad 90 geworden, in der Seniorenresidenz Glücksburg. Freudentränen gab es, als ich ihn bald darauf besuchte. Ein Wiedersehen nach über 30 Jahren!

Genau wie früher – er war ja auch noch Segler gewesen – befand sich im Kühlschrank ein kleines Fläschen klarer Korn.
„Trinken wir ein Schnäpschen?" fragte er. Und ehe ich antworten konnte, hatte er schon zwei kleine Gläser zur Hand und goß ein. „Ist manchmal auch gut für den Magen", meinte er schelmisch. „Ich freue mich, Hans Petermann, prost!" Sprach's und legte seine Hand auf meine Schulter.
Wir saßen noch lange zusammen, ließen die Vergangenheit Revue passieren, und Herr Petersen berichtete auch von einigen Schicksalsschlägen, die ihn schwer getroffen hatten. Tod seiner Frau, Tod seiner einzigen Tochter Elke, Abschied von schöner Wohnung und Garten aus Altersgründen, Abschied auch von seinem geliebten Flügel. Blicke zurück und Blicke nach vorn. Es lebt der Mensch auch von Erinnerungen, und ewig währet Hoffnung!
Die Weisheit seines Alters und die Lehren, die auch er seinen Schülern und Mitmenschen stets vermittelte, das waren und sind Markierungspunkte. Und ich bin dankbar, daß ich dies – was ja selten ist – meinem alten Lehrer noch persönlich habe sagen können. Auch ein Gedicht habe ich ihm zu seinem 90. Geburtstag gewidmet und versucht, dort alles hineinzubringen und anzusprechen, was uns in all den Schul- und Musikjahren begleitet und verbunden hat.

„Alles hat seine Stunde“, habe ich Propst Wiechmann einmal in einer seiner wunderbaren Predigten in Eutin sagen hören.
Es waren viele besondere Stunden, die mein Leben begleiteten und wohl auch prägten. Dafür bin ich unendlich dankbar! Und so will ich Erfahrungen und erarbeitetes Können weitergeben, wo immer ich es in Wort und Tönen vermag. Gedichte und Geschichten, die das Leben schreibt, für Stunden der Besinnlichkeit …
Erinnerungen? „Wie das Leben so spielt!“ sagt man oft.
Gut zu wissen, daß letztlich alles in Gottes Hand liegt.

Für Max Petersen

Meinem ehemaligen Lehrer zu seinem 90. Geburtstag

Nach vielen Jahr'n ein Wiedersehn!
Da sieht man, wie Jahrzehnte gehn!
Hier steh' ich nun, Ihr Schüler mal!
Und hätt' ich heut für mich die Wahl,
wie gerne würd' ich's wieder sein,
denn stets war eitel Sonnenschein!

Nun sind Sie 90 jetzt gerade!
Und immer noch fast kerzengrade!
Von ganzem Herzen Glück und Segen!
Daß ich Sie seh', tut mich bewegen!
Ich seh' vor mir die alten Zeiten,
wie Sie den Lehrstoff uns bereiten.
Das war nicht Job, das war Berufung!
Kein Schüler kam da in Versuchung!
Sie haben uns für unser Leben
stets Zuversicht und Mut gegeben!

Auch die Musik war stets dabei
in Schule, Chor und Kantorei.
Dort an der Orgel in St. Jürgen,
ich will mit meinem Worte bürgen,
da war Ihr Platz mit vollem Herzen!
Und manch Konzert im Schein der Kerzen
hat unsre Herzen tief bewegt
und manchen Anfang festgelegt.

Ich bräuchte Stunden, wollt' ich sagen,
was alles sich so zugetragen!
Nur eines aber jetzt zum Schlusse,
das steh' als Satz aus einem Gusse:
Ich danke meinem großen Lehrer,
und bin voll Ehrfurcht sein Verehrer!

Humor gefragt?

Humorvolle Jugenderinnerungen? Liebevolle Schulerzählungen? Ja, das gab es und gibt es hoffentlich immer noch unter uns!? Unter uns älteren Schülern gab es damals schon „Wetten, daß …?“. Jeder kam einmal ran, wenn es unter uns hieß: „Wetten, daß du bis morgen … das und das schaffst?“

Eines Tages war ich nun dran, und wir hatten gerade im Unterricht WILHELM BUSCH durchgenommen. Meine Aufgabe: Im Stile Buschs einige Verse zustande zu bringen.

Mich haben seine Verse schon immer irgendwie fasziniert, mit denen er seine Max-und-Moritz-Geschichtchen vorstellte. In alten Unterlagen und Manuskripten von mir, die ich je nach Laune schon in jungen Jahren erstellte, fand ich dann auch einige Verse, die ich wohl in diese humorvolle Schulerzählung ganz gut einfügen kann. Die erdachten lausbübischen Namen: Knoll und Knülle. Und folgendermaßen habe ich diese beiden Buben skizziert:

Knoll und Knülle sind zwei Buben,
die nicht etwa in den Stuben
ihre Pflicht mit Sorgfalt tun,
sondern die nicht eher ruhn,
bis ein Mitmensch, irgendeiner,
unter ihren Streichen leidet
und man sich die Hände reibet
über das, was man vollbracht,
und wie man ihn ausgelacht.

Lehrer Wenzel hatte Sorgen.
Und ihm blieb derweil verborgen,
was die beiden bösen Knaben
wieder angerichtet haben:
Fort sind Kreide, Schwamm und Tinte
durch der beiden schlaue Finte.
An der Wand, mit Rot geschrieben:
Vier und zwei sind immer sieben!

So, ihr Leute, treibt es nimmer!
Macht das Leben euch nicht schlimmer,
als es wirklich doch schon ist!
Glücklich ist, wer Leid vergißt!

Nun, zum Schmunzeln mag es wohl reichen. In der Schule passieren ja manchmal die seltsamsten Geschichten.
Ich erinnere mich da eines liebenswürdigen Hausmeisters in der früheren Schule, Herrn Traulsen. Spitznamen finden Schüler ja für alles mögliche schnell und gern, Herrn Traulsens Spitzname: Trullala. Sein häufiger Sondereinsatz: Schülerbänke reparieren. Weiß der Kuckuck, wie es kam, daß immer wieder die Schrauben unter der Tischplatte einer bestimmten Schulbank in der vordersten Reihe fehlten. Wenn sich dann ein bestimmter Lehrer, Gott hab' ihn selig, gewohntermaßen hier einmal aufstützen wollte, krachte es. Der gute Traulsen-Trullala mußte wieder einmal handwerklich aktiv werden.
Aber vermeintliche Unwissenheit schützt oft vor Strafe nicht, und so war eine saftige Strafarbeit, vorsorglich für die ganze Klasse, auch nicht gerade erstrebenswert.
Jaja, die Schule! Auch sie geht mit der Zeit! Und so war etwa um das Jahr 1947, in der Nachkriegszeit, das Heilkräutersammeln der Schüler sehr zeitgemäß. Enorm, was da alles zusammenkam und auf dem Schulboden, unterm Dach, unter Aufsicht und Obhut eines unserer Lehrer getrocknet wurde. Der Lehrer hieß Nachtigall, wirklich!
Nun gab es zu jener Zeit noch Raucherkarten, denn Tabakwaren waren rationiert und vorerst nur über behördlich aufgerufene Abschnitte erhältlich.
Wie dankbar muß der gute Nachtigall damals gewesen sein, sich aufgrund seiner Kenntnis der vielen Kräuter – er war auch noch Biologielehrer – auch mal eine Pfeifenfüllung mixen zu können, die er dann behaglich und genüßlich schmökend in den Pausen genoß!
Viele meinten damals, das Zeug stinkt. Aber Verständnis und Humor hatten doch fast alle in dieser Zeit, und das war doch so wichtig!

Drum ist Humor, wenn man trotzdem lacht!
So mancher hat damit sein Glück gemacht!
Man sieht und lernt in Zeiten der Not:
Wir sitzen doch alle im gleichen Boot!
Bewahrt euch im Leben – trotz allem – Humor!
Dann tritt aus dem Dunkel die Sonne hervor!

Familientreffen sind zumeist eine schöne, erfreuliche Sache. Ein wunderbares Gefühl der Verbundenheit und der Zusammengehörigkeit sollte sich hier zeigen, und der Austausch von Erinnerungen jeglicher Art entspannt und erfreut die menschliche Seele.

Familientreffen

Familientreffen ist so schön!
Man will sich ja mal wiedersehn!
Erinnerungen auszutauschen,
ein wenig von Vergangnem plauschen,
ein Gläschen Bier, ein Gläschen Wein:
Wie schön kann doch das Leben sein!

Wenn man so sitzt in froher Runde,
und es verrinnt so manche Stunde,
kann jeder sich des Lebens freun
und läßt dann Sorgen Sorgen sein!
Und wenn des Lebens Sonne scheint,
fühlt man sich glücklich und vereint!

Man spricht von Fest- und Jugendzeiten,
von Karussell und Ponyreiten,
von Gartenfreuden Jahr für Jahr,
wie glücklich man als Kind noch war,
wie man an Mutters Tisch sich labte,
nach Nachschlag noch zu fragen wagte!

Inzwischen nagt der Zahn der Zeit,
des Lebens Hektik macht sich breit.
Man rudert sich durch Wind und Wellen,
hört oft der Neider Hunde bellen.
„Das Leben ist ein Welttheater!"
Das sagte schon der alte Vater.

Und dennoch ist es wunderschön,
sich ab und an wiederzusehn!
Erinnerungen auszutauschen
und über Land und Leute plauschen!
Hier ist man Mensch vor allen Dingen!
Von Herz zu Herz die Lieder klingen!

III

Geburtstage und Muttertag

Es sind schöne Tage, über die hier geschrieben ist. Tage des Gedenkens, des Dankes, der lieben Aufmerksamkeiten, Texte, die von Herzen kommen.

Oft werden die Verse, Gedichte oder kleine Episoden vorgetragen, und dabei wird bei einigen der Vortragenden auch ein Stückchen Lampenfieber dabeisein.

Deshalb steht als kleine „Hilfe" der Lampenfiebertext am Anfang.

Lampenfieber

Da steht man nun und soll was sagen,
ist voller Eifer, voller Mut;
und dennoch bleibt mit Unbehagen
die bange Frage: „Wird's auch gut?"

Den Kloß im Hals, den Stein im Magen,
und Schweiß bricht aus, die Ohren glühn;
wo blickt man hin, wen kann man fragen?
Hat man es dir schon angesehn?

Wann springt der Funke endlich über?!
Wie wird das sein, wenn überhaupt?!
Der Puls geht schneller; lächle drüber.
Applaus hat der, der an sich glaubt.

Geburtstagsgedicht

Und wieder ist Geburtstagszeit!
Die Gratulanten stehn bereit
mit Wünschen für Zufriedenheit,
viel Glück, Gesundheit, Fröhlichkeit!

Bedenk: Nicht alt wird man, nur älter!
Und wird es hier und da auch kälter,
ein Herz bleibt jung, wenn man in Schwung
durchlebt des Lebens Wanderung!

Und drückt einmal der Schuh,
dann bleib gelassen, gönn dir Ruh!
Kommt Zeit, kommt Rat! Das ist die Wahrheit!
Stets kommt zurück des Lebens Klarheit!

Geb's Gott, daß sich noch viele Jahre
des Lebens Güte um dich schare!
Das war's, was uns am Herzen lag
an deinem schönen Ehrentag!

Zu einem 60. Geburtstag

Nun sind die sechs Jahrzehnte voll!
Ein Leben voller Mühen!
Und doch, so manches war auch toll
und ließ das Glück erblühen!

Nimm diesen Tag nun als Geschenk!
Es bleib' Gesundheit dir und Glück erhalten!
Sei auch des Himmels eingedenk,
der stets dein' Sach' wird walten!

Auch für das weitere Jahrzehnt,
naturverbunden wie du bist,
bleib an den Vorsatz angelehnt:
„Wer singt und wandert, kernig ist!"

70. Geburtstag

(Leserhinweis: auch abzuändern in 80., 90., 100.!)

70 Jahre Lebenslauf,
Glück und Sorgen liegen drauf.
Heute aber strahlt dein Stern
und hält alle Trübsal fern.

War da auch manch harter Lauf,
ging es runter und auch rauf,
immer war da Zuversicht,
die dir riet: Verzage nicht!

70 Jahre Lebenslauf,
Schicksal tat die Türen auf,
zeigte dir bei allem Fleiß:
Jedes Ding hat seinen Preis!

Ewig währt des Lebens Kreislauf;
mal Parade, manchmal Eislauf.
Nur mit Frohsinn und Gesang
wird man nie im Leben bang!

70 Jahre Lebenslauf,
Gratulanten hier zuhauf
wollen herzlich gratulieren
und den schönen Tag verzieren!

Glück, Gesundheit, Wohlergehen!
Und kein Sturm soll die verwehen!
Lang noch bleib in unsrer Mitte!
Das ist unsre große Bitte!

60. Geburtstag

Da war er nun, der besondere Tag; zum sechsten Male genullt, 60. Geburtstag! Hannes blieb erst mal zehn Minuten länger im Bett, rieb sich die Augen und überdachte die Situation. Er erinnerte sich, daß er bereits in der Nacht zweimal hochgeschreckt war. Einmal war es das Heulen eine Sturmes, der draußen den Regen an die Fensterscheiben peitschte; beim zweiten Mal waren es wohl seine eigenen Gedanken, die im Unterbewußtsein weiterarbeiteten und ihn aufschrecken ließen: „Noch bist du 59, aber nicht mehr lange! Nur noch wenige Stunden, dann bist du 60! O Gott! Kann man die Zeit denn nicht anhalten und auf der Stelle treten? Man tritt doch auch sonst so oft auf der Stelle im Leben, und nichts geht voran! Und jetzt? Die Zeit fließt und fließt …"
Über diesen Gedanken war er wieder eingeschlafen, bis der Morgen dämmerte. Nun also lag er da und sinnierte erst mal vor sich hin.
„Die Einschläge kommen immer näher", hatte er Curd Jürgens, den großen Schauspieler, einmal sagen hören. Aber der hatte auch gesungen: „60 Jahre und kein bißchen weise …"
Doch für etwas weise hielt sich Hannes schon. Und was hatte er in seinem Leben doch alles erlebt und verkraften müssen! Was hatte er alles gesehen und oft darüber diskutiert! Ja, etwas weise dünkte er sich schon, der Hannes.
Da war aber noch ein anderer Jürgens, überlegte er. Richtig, der Udo Jürgens! Das war doch der, der immer singt: „Mit 66 Jahren, da fängt das Leben an!"
Langsam erhob sich Hannes. Dieser kleine Lichtblick mit den 66 Jahren gefiel ihm, machte ihn schon etwas munterer. Und außerdem, so dachte er, hätte er ja auch noch sooo viele Hobbys und Ideen. Der Gesangverein, in welchem er Mitglied war, ein Jungbrunnen für sich! Demgegenüber nahm seine Briefmarkensammlung nur einen bescheidenen, unteren Platz ein. Und davor rangierten noch so einige Wichtigkeiten wie z. B. Reisen, Wandern, Theaterbesuche. Und dann noch der beliebte Klönschnack am Stammtisch in der kleinen Kneipe nebenan, der hatte seinen ganz besonderen Stellenwert.
Jetzt fühlte sich Hannes schon wesentlich besser. „Auf, auf, ihr müden Knochen", brummte er vor sich hin, „packen wir's an!"
Er duschte, rasierte sich und zog sich besonders gut an. Ja, diesen Tag wollte er genießen; mit der Familie, den Freunden und natürlich mit seiner lieben Frau, dem guten Geist im Hause, dem liebevollen Ratgeber, dem Mutmacher, dem Menschen also, an den er sich auch einmal anlehnen und Kraft schöpfen konnte, wenn es

einmal nicht so lief im Alltagsleben oder im Beruf. Ihre warme, herzliche Stimme war immer ein Labsal.
„Kaffee trinken!“ rief soeben diese Stimme, und er beeilte sich, in die Küche zu kommen. Eine Kerze brannte, und der Kaffe duftete herrlich!
„Guten Morgen! Und herzlichen Glückwunsch zu deinem 60.! Mann, siehst du wieder gut aus, wirst wohl doch immer jünger!?“
Hannes strahlte übers ganze Gesicht. „Sie ist doch ein Schatz!“ dachte er. „Und eines scheint wohl doch zu stimmen: 60 ist kein Alter! Mit 66 geht es erst richtig los! Und darauf: Prost!“

Ein kleines Gedicht

Ein kleines Gedicht und kaum von Gewicht,
aus Gedanken geboren, für dich auserkoren.

Ein kleines Gedicht. Wie strahlt dein Gesicht!
Von Herzen geschrieben und treu dir geblieben.

Ein kleines Gedicht, und sorge dich nicht!
Was Wolken auch bringen, dir wird es gelingen!

Ein kleines Gedicht bringt Hoffnung und Licht.
Auf all deinen Wegen sei Glück und sei Segen!

Wenn man älter ist

Schon weiter fort sind sie gezogen,
des Lebens Frühlingstage.
Und trotzdem haut mich das nicht um,
ein jeder kommt in diese Lage!

Es ist schon etwas lange her,
als Übermut berauschte!
Kein Berg zu hoch, kein Ziel zu weit,
wenn ich das Leben oft belauschte!

Was sind schon Jahre auf der Welt,
und was bedeutet Alter!
Im Zeitfluß sind wir alle gleich
und unser eigner Glücksverwalter!

Drum gilt für alle dieser Rat:
Es komme, was da wolle!
Ist Hoffnung da, kommt auch ein Lied
und hält dich auf der Rolle!

Wo können unsre Träume wohnen?

Wo können unsre Träume wohnen,
die mit uns durch das Leben ziehn!?
Wo können Träume heut noch thronen,
wenn wir in stete Unrast fliehn!?

Schenk deiner Seele etwas Muße
und deinem Herzen neuen Mut?
Ob jung, ob alt: Dir sei zum Gruße,
was Hoffnung deiner Seele tut!

Schaff dir dein eignes Bühnenbild
in diesem Welttheater!
Dann werden Träume – schön und mild –
zu deinem Wunschberater!

Und man gewöhnt sich dran

Ich dachte immer, alt sei alt;
doch das ist nicht der Wahrheit Schluß!
Ein jedes Alter hat auch Gutes,
weil man den Sinn erkennen muß.
Das Drehbuch dieses Welttheaters
sieht sich gar bunt und kostbar an.
Die Handlung führt durch hell und dunkel,
und man gewöhnt sich dran.

In jungen Jahren flott und heiter,
und dann geht's weiter Schlag auf Schlag.
Du machst in Arbeit und Familie,
setzt eigne Zeichen Tag für Tag.
Und fragst du nach dem Sinn des Lebens,
erkennst du wohl so dann und wann:
Nur durch Erfahrung wird man älter,
und man gewöhnt sich dran.

Ein jedes Alter hat sein Gutes:
Durch Dank und Undank wird man klug!
Und diese Klugheit gibt man weiter,
des Alters Weisheit lehrt genug!
Als Fazit vieler Lebensjahre
macht die Erinnerung uns an.
Man merkt, es wechseln oft die Bilder,
und man gewöhnt sich dran!

Noch bin ich da!

An jedem Tag in unserm Leben
da wird's auch Neid und Mißgunst geben.
Das Umfeld unsrer Lebensjahre
verhökert uns wie eine Ware.

Doch sind wir Menschen, du und ich!
Was dir geschieht, es trifft auch mich!
Nur Einheit aller guten Werke
gibt uns im Leben wahre Stärke!

„Ich bin noch da!“ So sollt ihr sagen.
Und deshalb soll auch niemand fragen,
ob ihr vielleicht, eventuell,
an Rückzug denkt, und möglichst schnell!

Man kann und soll Entscheidung tragen!
„Noch bin ich da!“ So sollt ihr sagen.

Ein Blumenstrauß

Man schenkt ihn, will das Herz was sagen,
aus Liebe, Freude und im Leid;
man schenkt ihn ohne langes Fragen,
zeigt einen Hauch Gemeinsamkeit.

Man schenkt zu allen Jahreszeiten
den Blumenstrauß, ob groß, ob klein;
will Menschlichkeit und Liebe zeigen,
und pflanzt damit auch Hoffnung ein.

Man schenkt den Blumenstrauß als Gabe,
mit der die eigne Seele spricht;
ganz ohne Wenn und Wohlgehabe
ist er uns stets wie ein Gedicht –
der Blumenstrauß.

Wiegenszene

Welch Blick, so sanft und liebevoll.
Auf eine Wiege ist er still gerichtet.
Umsorgt, umhegt,
ein Kind schläft ein,
und noch im Traum strahlt ihm ein Schein von dir,
geliebtes Antlitz – Mutter.

Muttertag

Sonntag ist's und Muttertag.
Ein jeder sich besinnen mag.
Das Denken ist, kommt es von Herzen,
so wundersam wie tausend Kerzen:
Es strahlt ins Herz der lichte Schein,
bringt in die Seele Glück hinein.

Wir schaun auf deine liebe Hand,
die stets die Sorgen hat verbannt.
Mit deiner Güte, deinem Segen,
da ging's uns gut auf allen Wegen.

Dir und dem Himmel sei's gedankt,
weil niemals unser Glücksstern schwankt;
und deine Liebe uns umhegt,
dein Lachen unser Herz bewegt;
hast auch an kummervollen Tagen
ein Stück des Leidens mitgetragen.

Und wieder heißt es: Muttertag.
Ein jeder sich besinnen mag.

Mutterhände

Meist sind ihre Hände schlicht,
kennen wenig Arbeit nicht;
sind bereit auf allen Wegen
und bei jedem Trost zugegen.

Meist bedenkt man erst sehr spät,
daß es ohne sie kaum geht;
allerorts tun sie sich regen,
Dasein ist ihr ganzes Leben.

Meist sind unsre Nöte kleiner,
weil sie helfen wie sonst keiner.
Unser Dank für alles Geben
leite uns ein ganzes Leben.

IV

Liebe – Romantik – Natur und Jahreszeiten

Liebe ist …

Liebe ist, sich zu verstehn,
Einsamkeit als Not zu sehn,
kurz – daß dem, den man so liebt,
man begegnet und vergibt.

Liebe ist, sich anzusehn,
fast vor Sehnsucht zu vergehn,
sich mit Blumen zu beschenken
und auch sonst sich zu bedenken.

Liebe ist durchaus auch Schweigen,
denn nicht immer will man zeigen,
wie des Tages Last uns leert
und an unsern Nerven zehrt.

Liebe ist Gemeinsamkeit,
alles teilen, Freud und Leid,
alle Dinge durchzustehn
und gemeinsam Hoffnung sehn.

Liebe ist, zu allen Zeiten
sich in Treue zu begleiten.
All dies ist des Menschen Zier!
Tun wir solches, leben wir!

Von der Treue

Treue ist ein seltner Gast.
Zähl zu jener süßen Last
deines Herzens ihn hinzu,
oder er ist fort im Nu.

Schätze seine Gegenwart.
Lerne schätzen seine Tugend,
daß in früh und frühster Jugend
du schon kennst sein wahr Gesicht.

Muß bewirten ihn aufs feinste,
sollst vergelten seine Tat
mit der deinen, um zu zeigen,
daß er als willkommner Gast
stets zu deinem Herzen paßt!

Frohsinn

Im Herzen einen grünen Zweig,
damit dir stets der Frohsinn bleib,
und auf den Lippen frohe Lieder,
dann kommt zu dir das Glück hernieder!

Und jeder Tag des Glücks auf Erden
läßt deine Seele blühend werden;
da offenbart sich aller Welt,
daß deine Sach ist wohlbestellt.

Nur der ist wirklich reich im Leben,
dem auch der Frohsinn ist gegeben!
Da liegt die Kraft für Herz und Seele,
damit es nicht an Hoffnung fehle!

Liebeswerbung

Sag’s mit Blumen, sei romantisch,
tu’s mit Liebe und mit Herz.
Sei nicht steif und nicht pedantisch,
und beginn’s mit einem Scherz.

Manchmal kostet’s Überwindung,
denn nicht jeder fühlt sich frei;
doch ersehnst du eine Bindung,
mußt du weg vom Einerlei!

Wähl die Worte schlicht und ehrlich,
alles andre findet sich;
große Töne sind entbehrlich,
sagst du leis: „Ich liebe dich.“

Vergißmeinnicht

Vergißmeinnicht heißt eine Blume;
auch ich sag' leis: „Vergißmeinnicht."
Wenn uns das Schicksal Trennung spendet,
denk stets daran: „Vergißmeinnicht!"

Es eilt das Leben hastig weiter,
und wechselhaft ist unser Glück.
Vergißmeinnicht! Sei froh und heiter!
Bezwing das Leben Stück für Stück!

Auf allen Wegen, Not und Freude,
geb' dir der Himmel sein Geleit.
Vergißmeinnicht ist eine Blume;
bewahre sie, sei stets bereit.

Liebe erhört, Kritik zerstört!

So manchem wird die Freud' genommen
durch die Kritik im Übermaß,
und wie gewonnen, so zerronnen,
ist hohe Pflicht nicht mehr als Spaß.

Im Leben gibt man sich viel Mühe,
es möglichst allen recht zu tun.
Doch wenn's gelingt noch in der Frühe,
der Tag ist lang, kein Grund zum Ruhn.

Schon in der Schule könnt man's lernen:
Ein gutes Wort, ein kleines Lob
gibt jungen Menschen Grund zum Schwärmen,
und wo man Freude sät, ist keine Not!

Zu allen Zeiten hat die Liebe
des Daseins Herzenswunsch gekrönt.
Oh, daß sie ewig grünend bliebe,
weil viel Kritik uns nicht versöhnt!

So ist's im Leben, bei der Arbeit,
bei allem Tun und Wollen gleich:
Es flieht der Rausch, es bleibt die Wahrheit
im großen wie im kleinen Reich.

Es gilt daher, bedenkt man's recht,
und sei's auch eine schwere Bürde,
für alle Menschen, King und Knecht:
Übst du Kritik, tu es mit Würde!

ROMANTIK?

Gibt es noch Romantik in unseren Tagen? Finden wir überhaupt noch Zeit, Gefühle hierfür aufzubringen? Liegt nicht der tiefe Schatten unserer hektischen, unruhigen Zeit über dem, was wir Menschen eigentlich an Gefühl, an Besinnung, an Herzlichkeit, an Nachdenklichkeit und an Offenheit gegenüber unserer Umwelt aufbringen können?
Hat uns die Natur, haben uns die vier Jahreszeiten nicht immer wieder etwas zu sagen?
Verweilen wir ruhig ein wenig in den Gefilden der Romantik, im Garten unserer Träume. Erinnern wir uns beim Lesen der nächsten Gedichte einmal an jene Dinge, die uns lieb und wert sein sollten.

> Es wär' so schön, ein Mensch zu sein,
> wenn Bach und Seele klar und rein!
> Und diese Erde kann uns geben
> – wenn ihr nur wollt – ein schönes Leben!

Öffnen wir uns daher von Herzen einem romantischen Blickfeld und spüren wir, daß das Gold der Welt in seiner Einfachheit liegt, in Menschlichkeit und Herzenswärme, in der Hinwendung zu lebensbejahendem Denken und zu mehr Harmonie. Die Liebe zur Natur und zur Romantik, fehlt sie uns heute nicht oft und mehr als je zuvor?
Herz und Seele, Erde und Umwelt: Einem Kleeblatt gleich sollten sie eins sein!
Die heutige Zeit – manchmal könnte man sie herzlos und oberflächlich nennen, ruhelos, scherbenverursachend, aber ruhmsüchtig …
Es war einmal … beginnen nicht nur viele Märchen.
Es war einmal … lautet auch die Überschrift zum nächsten Gedicht, das etwas provokant und anprangernd ist, bevor ich dann zu echter Romantik hinüberzugleiten versuche.

Es war einmal …

Es war einmal ein deutsches Land,
in dem Romantik Pate stand,
wo Töne noch von Herzen kamen!
Heut ist so manches am Erlahmen.

Es war einmal ein großes Erbe,
das auch noch heute voll besteht;
jedoch gleicht manches einer Scherbe,
weil unbeachtet es vergeht!

Statt Muh und Mäh und Täterä
gibt es auch heute Zeitsignale!
Ich sag' es ohne Groll und Schmäh:
Auch der Kultur droht ein Finale!

Wie war es einstens doch so schön,
als Lieder noch die Welt bewegten,
wo Dichter auf des Volkes Höh'n
noch Menschenherzen stets erregten!

O hochgestyltes Medienland!
Du bietest uns so allerhand!
Doch achte drauf, daß nichts verödet,
damit die Seele nicht verblödet!

Es war einmal ein deutsches Land,
in dem Romantik Pate stand,
wo Töne noch von Herzen kamen!
O Herrgott, hilf uns siegen! Amen.

Romantik

Romantik, wo bist du geblieben?!
Du fehlst so oft im Lebenslauf!
Hat man dich auch schon aufgerieben?
Gingst du bei aller Hektik drauf?

Wo ist noch Liebe jung geblieben,
und wo strahlt milder Kerzenschein?!
Wo sind die Blumen nach Belieben,
die manche Liebe läuten ein?!

Wer kann noch sanfte Worte reden?!
Wer träumt noch, steht im Mondenschein?!
Wer malt der Seele Garten Eden?!
Wer schreibt aus Liebe einen Reim?!

Was gibt dir noch ein grüner Wald,
der Bach dort in der Ferne?!
Was fühlst du, wenn ein Jagdhorn schallt,
und was beim Licht der Sterne?!

Romantik ist in unsern Tagen
so weit entrückt, so selten schon.
Drum laßt uns einen Anfang wagen,
und unser harrt der schönste Lohn!

Romantik ist …

Romantik ist, die Welt zu sehen
in bunter Vielfalt der Natur.
Da wird ein Blumenstrauß zur Andacht,
ein grüner Baum zur Lebensspur.

Romantik ist, den Himmel sehen
in sternenklarer Sommernacht.
Du spürst den Hauch von heiler Welt
und was der Sehnsucht Flügel macht.

Romantik ist, ein Kornfeld sehen
in seiner Sommersonnenpracht,
und Wanderlieder auf den Lippen,
wie sie die Menschen einst gemacht.

Romantik ist, ein Mühlrad sehen
und dann verträumt durch Zeiten gehn,
die ohne Hast die Stunden zählten,
wo jeder Mensch als Mensch gesehn.

Romantik ist, die Werke sehen,
die große Meister einst erbaut,
die dafür all ihr Können gaben,
bis einst in Ehren sie ergraut.

Romantik ist, sich Zeit zu lassen
für alle Schönheit dieses Lebens.
Wem seine Umwelt nichts bedeutet,
der lebt sein Leben fast vergebens.

Romantik ist mehr Menschlichkeit
im Herzen und im Denken;
und kannst du geben dieses Glück,
wird tausendfach zurück es schenken.

In jugendlichen Jahren, nach Ende meiner Lehrzeit, hatte ich das Glück, in beruflichem Auftrag in vielen deutschen Städten tätig zu sein, wobei immer wieder die Freude an kultureller Betätigung, am Texten, an Musik und Gesang, meine Wege begleitet haben. Auch die Mitgliedschaft in etlichen Chorvereinigungen gehörte dazu.

Erste Lyrik-Versuche begannen dabei im Rahmen eines zweijährigen Aufenthaltes in Goslar/Harz, einer sehr romantischen Stadt. Hier entstanden u. a. einige meiner ersten Gedichte, insbesondere das vom Goslarer Mühlrad. Nie hätte ich gedacht, einmal nach etlichen Jahrzehnten wieder an jenem Ort nachdenklich schweigend zu stehen, wo mein erstes Gedicht entstand (siehe zwei Bilder).

Das Goslarer Mühlrad

In Goslar, der alten Kaiserstadt,
seitab, am Klapperhagen,
da zeuget ein altes Mühlrad noch
von vergangenen Zeiten und Jahren.

Heut ruhet still und stumm das Getriebe,
wie ein Greis, der sinnend Vergangnes durchwankt;
und niemand vernimmt mehr das fröhliche Klappern,
und niemand hört mehr des Müllers Gesang.

Wohl saß auch einst an der Gose,
die das Mühlrad hat lustig gedreht,
manch müder und einsamer Wanderer,
der dies Kleinod hatte erspäht.

In schweren und heiteren Tagen
hat das Mühlrad wohl mancher gesehn
und hat dabei sinnend empfunden,
daß die irdischen Dinge vergehn.

Garten der Träume

Im Garten der Träume
blühn viele Blumen, groß und klein;
der Sonnenschein ist hier der Gärtner
und bringt des Lebens Hoffnung ein.

Im Garten unserer Träume
sind viele Wünsche eingesät;
man müht sich brav im Strom des Lebens,
damit auch alles wohl gerät.

Im Garten unserer Träume
erblüht das Glück ein Leben lang;
nur in der Wirklichkeit, der bunten,
macht mancherlei uns angst und bang.

Im Garten unserer Träume
gibt's keine Dornen, kein Gestein,
sind alle Wege fest und eben,
und schön ist es, ein Mensch zu sein!

Der Freude Aufenthalt

Stete Freude? Nie gebaut
sie an einer Stätte hat;
ist heut hier und dort schon morgen,
treibt sie fort die schweren Sorgen.

Freude kann man auch nicht borgen! Freude ist ein himmlisch Ding,
das in jede kleinste Hütte und in jeden Thronsaal dringt!
Jeder Mensch hat seine Klagen, jeder Mensch hat seine Pein;
helfen kann alleine Freude, denn sie trägt das Glück allein!

„Freude, mächt'ge Himmelstochter,
die du hältst den Zauberstab,
der uns stärkt, erhebet, bindet,
Freude, greif zum Wanderstab!"

Romantik in Domesnähe?

Warum nicht, wenn sich Empfindungen, Erinnerungen und auch die den Dom umgebende Natur so wunderbar zusammenfügen. Außerdem: In diesem Dom fand 1957 meine Trauung mit Annegrete durch Propst Dr. Mohr statt. Und Sängerin Anni Lehmann, auch Freundin meiner Mutter, sang hier mit Orgelbegleitung. Welch wunderbare Fügungen, die das Leben bereithielt!

Am Dom zu Meldorf

Langsam schwinden nächt'ge Schleier,
erstes Licht bricht durch die Wolken
und macht Bahn dem neuen Tag.

Auf dem Dorfplatz herrscht das Schweigen,
denn noch stört des Tages Reigen
nicht die Stille ringsumher.

Eine frische Morgenbrise
spielt in herbstlich bunten Bäumen,
die die Domesfront umsäumen.

Über allem Werden aber
ragt dein Zeichen, Dom des Glaubens,
preist die Kunst der Hände,
die dich bauten,
des Allmächt'gen Güte!

Kurze besinnliche Augenblicke oder auch Stunden der Besinnung sind es, die uns verbinden können, stets Hoffnung geben und erneuern werden. Lebensabschnitte beim Menschen und auch in der Natur. Wie nahe liegen hier die Gleichnisse. Frühlingserwachen ist Lebenserwachen; Sommer heißt Frohsinn und Erntezeit; Herbst ist Stillstand, und des Winters Enge und Stille strebt den neuen Anfang an!

Ostern

Ostern – Zeit der Auferstehung.
Ostern – Zeit für Neubeginn.
Ostern – welche Glückbelebung!
Ostern – voller Kraft und Sinn!
Ostern – weist den Weg nach oben.
Ostern – zeigt den Himmel offen.
Ostern – macht, daß Menschen loben.
Ostern – läßt uns alle hoffen.
Ostern – Sinnbild alles Lebens.
Ostern – Tod und Wiederkehr.
Ostern – niemand hofft vergebens!
Ostern – Herz, was willst du mehr?!

… dann ist es Frühling

Wenn langsam dunkle Tage enden,
dann ist verströmt des Winters Kraft,
dann will die Sonne Leben spenden,
dann ist ein Neubeginn geschafft.

Wenn erste Knospen zaghaft sprießen,
dann zeigt sich Hoffnung überall,
dann wirst du neues Glück genießen,
dann sing ein Lied mit lautem Schall!

Wenn neues Grün die Erde schmückt,
dann füllt das Leben den Pokal,
dann hat auch Liebe dich beglückt,
dann endet manche Seelenqual.

Wenn Licht und Wärme uns durchfluten,
dann schwelgt der Geist in Harmonie,
dann wendet alles sich zum Guten,
dann ist es Frühling! Sieh nur, sieh!

Frühling

Frühling ist's! Die linden Lüfte
streifen über Berg und Klüfte
und belebend durch das Tal.
Frühlingsduft! Das Herz schlägt höher,
und des Lebens neuster Mai
naht in seiner schönsten Pracht,
fort ist nun des Winters Nacht,
alles lebt! Alles lebt!

Sommer

Die Sonne hat ihren höchsten Stand,
die Natur erscheint uns im reichsten Gewand.
So nehmet die Früchte, segnet die Garben,
singet dem Leben in all seinen Farben!
Leben ist Hoffnung, Hoffnung ist Leben.
Unsre Erfüllung ist Nehmen und Geben.

Herbst

Wenn Meister Herbst den Pinsel schwingt
und man ein herbstlich Lied ihm singt,
dann färben sich in Wald und Garten
die Blätter, die des Todes harrten.

Und ist nicht unser ganzes Leben
ein ähnliches, ein gleicher Gang?
… ein Frühlingshauch … ein Tanz im Sommer
… ein herbstlich Klagen und ein Schlußgesang.

Erkenntnis im Winter

Einsamen Pfaden, verlassenen Wegen entgegen zieh' ich allein.
Tiefe Stille und Freude in Fülle
vereinen sich hier zu harmonischem Spiel
und bezwingen mein Herz, ich vergesse den Schmerz.

Weiß sind die Fluren, stumm die Natur,
und weit scheint entfernt das Getöse der Welt mir zu sein.
Da spür' ich des Winters tötenden Hauch, erkenne den Brauch
seiner lockenden Maske – und verstehe die Welt.

Die vier Jahreszeiten

Herbst – Jahreszeit der Mahnung.
Alles Lebende hat einen Anfang und einen Schluß,
um neu beginnen zu können.
Im Kreislauf der Natur ist Anfang und Ende
ein bleibendes Ereignis, ein Kreis.
So wie die Sonne aufgeht am Himmel und wieder sinkt,
um wiederzukommen, hat alles in der Schöpfung
seinen Grund und seinen tiefen Sinn.

Winter – Jahreszeit des Stillstands.
Erstarrt und verhalten ist es ein Warten
auf das Kommende, auf das sich Erneuernde.
Stillstand ist Hoffnung.
Und wo die Wege der Menschen hier auf Erden enden,
da ist Gottes Anfang gekommen.

Frühling – Jahreszeit des Erwachens.
Als wohl schönste Zeit des Jahres zeigt sich der Frühling
in immer wiederkehrender Farbenpracht.
Neues Erwachen, neues Erblühen in der Natur.
Und aus dem Saatkorn der Hoffnung
erstrahlt auch uns Menschen neues Licht.
Aus Hoffnungslosigkeit und Einsamkeit führt ein Weg
zum DENNOCH eines neuen Anfangs,
eines neuen Mutes und neuer Kraft.

Sommer – Jahreszeit des Lebens und der Ernte.
Begonnen aus dem Nichts,
hervorgegangen aus dem Wörtchen WERDE
nach einem göttlichen Gesetz,
erblüht und gereift nach dem Willen der Schöpfung,
Mensch und Natur auf der höchsten Stufe empfangener Gnade,
sich sonnend auf dem Gipfel irdischen Lebens.
Großer Gott, wir loben dich!
Wir preisen deine Allmacht! AMEN.

Abendgedanken

Nach einem hellen, lichten Tag zieht Dämmerung übers Land.
Wie ein glutroter Ball versinkt die Sonne
und spendet dennoch Licht den Sternen,
die als Trost, wie es scheint, uns näherrücken wollen.

Und auch der Mond,
wenngleich ein wohl toter Koloß im All,
empfängt er doch das Licht und strahlt es weiter.

Denke, o Mensch!
Nimm auf dieses Bild, verwahre es in deinem Herzen!
Lichter der Sonne, Lichter des Alls.
Empfangen wir solches als Begleiter unseres irdischen Daseins.

Auch im Herzen und in der Seele
werde es lichter, heller, freundlicher.
Ruhe kehre ein, Besinnung.

Stunden der Erkenntnis

Pflücke die Stunden, die dir Glück verheißen.
Binde sie zusammen wie zu einem Strauß
und erfreue dich an des Glückes Farben.

Pflücke die Stunden, die dir Hoffnung geben.
Laß deine Seele treiben
und genieße die Stille des Augenblicks.

Pflücke die Stunden als einen wahren Schatz,
der dir gegeben,
um zu verstehen, um zu erkennen und um zu danken.

V

Aus dem Leben gegriffen

Dies ist ein sehr vielseitiges Thema; und je mehr man nachdenkt und grübelt, um so mehr zeigt sich die Vielfalt des Lebens. Die Dinge des Lebens, wie sie sich uns täglich in ihrer nie enden wollenden Vielfalt darstellen, beeinflussen immer wieder unser Sein und unser Handeln. Der Strudel der Ereignisse wird uns immer wieder erfassen, und glücklich sei derjenige, der die Ufer findet, die seines Wirkens wahre Freunde sind.
Wir setzen uns auseinander mit den Strahlungen des Schicksals, die uns alle so oft, so trotzig und allgewaltig überfallen, aber die uns manchmal auch so sanft und verspielt erreichen und mitunter auch heuchlerisch und herausfordernd.
Ganz sicher hatten wir alle schon einige Male das Bedürfnis, die Stille zu suchen, einmal Bilanz zu ziehen, um einiges zu ändern. Die Stille einer Andacht, die Ruhe eines besinnlichen Abends, die wohltuenden Klänge einer Musik, das Leuchten einer Kerze, das Aufeinanderzugehen im Gespräch: Es tut gut, es läßt hoffen.
„... Ich bin ein Mitmensch, so wie ihr, und auf der Erde nur ein Gast ..." heißt es in einem meiner Gedichte. Weinen und Lachen gehört dazu, denn Gefühle kann man nicht planieren!

Nehmen wir also unser Schicksal an!

Und an dieser Stelle sei auch das unbestritten ehrliche Zitat einer Ordensfrau und Nobelpreisträgerin erlaubt, nämlich „Mutter Theresa":
„Die Quelle, aus der ihr schöpft, muß nur tief genug sein. Dann werden die, die ihr liebt, früher oder später merken, wo sie entspringt."
(Nämlich aus dem Quell der Liebe, der Dankbarkeit, des Miteinanders, also aus dem Herzen.)

Ich bin ein Mitmensch …

Ich bin ein Mitmensch, so wie ihr,
und auf der Erde nur ein Gast.
Was immer ich auch tu allhier,
ist Fazit einer Rast.

Man weint und lacht, man lernt und liebt,
zieht mutig seine Kreise,
bis uns der Himmel Frieden gibt
auf seine stille Weise.

Gefühle kann man nicht planieren!
Ein jeder lebt mit Herz und Sinn!
Es gilt, die Seele zu sanieren,
dann hat das Leben Zugewinn!

So lebt der Mensch nicht nur vom Geld,
hat auch ein Innenleben;
er bringt es ein in diese Welt,
kann uns Besinnung geben.

Ich bin ein Mitmensch, so wie ihr,
und auf der Erde nur ein Gast.
Doch all mein Schreiben, glaubt es mir,
in jedes Herze paßt.

Was man sich so wünscht

Glück und Segen allezeit
und ein Lächeln stets bereit!
Wie ein Fels im Leben stehn,
glauben und nicht untergehn!

Liebe ohne Leiden,
sich verstehn statt scheiden!
Hoffnung haben, Kraft und Würde,
daß man meistert jede Hürde!

Einen Freund, der in der Welt
ehrlich dir die Daumen hält!
Zuversicht bei Tag und Nacht,
Freude, ehrlich dargebracht!

Alles Leben sei ein Licht,
klar und rein wie ein Gedicht;
wie ein Leuchtturm in der Brandung
zeig' es dir die sichre Landung!

Glück

Wo auch immer Menschen wandeln,
wo sie reden, wo sie handeln,
setzen sie mit viel Geschick
alles auf das Wörtchen Glück.

Freundlich zeigt sich oft Fortuna,
doch es lauert wie ein Puma
oft genug das Pech im Leben
und behindert alles Streben.

Darum soll man dankbar sein
für des Lebens Sonnenschein!
Stets bedenk ohn' Unterlaß:
Glück und Glas, wie leicht bricht das!

Ein Händedruck

Ein Händedruck, was ist er wert?
Auf jeden Fall wohl nie verkehrt.
Ist Ehrlichkeit gewollt im Spiele,
was jedenfalls zu wünschen wär',
hat Gutes man dabei zum Ziele,
fällt auch Vertrauen gar nicht schwer.

Ein Händedruck, was ist er wert?
Wohl dem, dem's freudig widerfährt!
In Treue fest die Freundeshand,
und auch zum Trost von ganzem Herzen,
wenn ein Vertrag den Partner fand,
zur Feier und im Schein der Kerzen.

Ein Händedruck, was ist er wert?
Wie oft im Leben heiß begehrt!
Selbst wenn der Abschied drängend naht
im Leben und beim Sterben,
gibt Kraft die Hand, verzeiht die Tat
und lässet Dank uns erben.

Erfolg

Erfolg ist wie im Wind die Blume.
Die Saat geht auf, dem Licht entgegen strebt das Grün.
Wie Beifall ist das Licht der Sonne
und läßt Entfaltung voll erblühn.

Erfolg ist das Ergebnis aller Mühen.
Der Weg nach oben, er ist dornig und ist bunt zugleich.
Man wird gefördert oder schafft's alleine,
das Ziel ist für uns alle gleich.

Erfolg ist, wenn man applaudiert.
Da fühlt man Seele, spürt den Lohn für alles Tun.
Und wenn dein Herz vor Freude springt,
dann warst du gut, dann ist gut ruhn.

Chorgeist

Will gemeinsam man im Leben fest zu einer Sache stehn,
will Bestand man dieser geben, darf man niemals müßig gehn!
Frank und frei sich zu bekennen:
Dieses würd' ich Chorgeist nennen!

Nicht nur für die Sangesleute gilt dieses Wort vom gleichen Wollen;
ist man guten Willens heute, wissen Menschen, was sie wollen,
frank und frei sich zu bekennen:
Dieses würd' ich Chorgeist nennen!

Hilfsbereit in allen Lagen, kämpfen für mehr Menschlichkeit,
selbstlos einen Einsatz wagen, dazu stehn in Herzlichkeit,
frank und frei sich zu bekennen:
Dieses würd' ich Chorgeist nennen!

Gedankenspiel

Das Leben gleicht mit Freud und Qualen
dem Bettler und den Goldpokalen.
Zu höchsten Höh'n kann es uns bringen
und läßt im Leid nach Trost uns ringen.

Zu mancher Stund' in unserm Leben
wünscht' ich, man könnte Antwort geben
auf des Geschickes Lauf und Macht,
wie's uns der Herrgott dargebracht.

In eine Kirche möcht' ich gehn,
um Kraft und Trost hier zu erflehn,
mir von der Seele alles streifen
und sinnend für das Leben reifen.

So fließt die Zeit und ihre Tücken;
sie kann uns heilen und erdrücken.
Und nur die Liebe läßt uns leben,
macht alle Wege glatt und eben.

Dankbarkeit

Fragt man Menschen in der Stadt,
ob man sie gefunden hat,
ist die Antwort lang wie breit:
„Wo gibt's heut schon Dankbarkeit!?“

Fragt man Leute auf dem Lande,
ob man kennt manch Dankesbande,
gibt es meistens zu berichten:
„Dankbarkeit? Man tut verzichten.“

Fragt man Bürger nah und fern,
ob sie denn wohl danken gern,
heißt es oft: „Wofür? Warum?
Dankbarkeit? Wer schert sich drum!?“

Mancher geht in eine Kirche,
denkt: „So bin ich nicht wie ihr!“
Nimmt sich ungeheuer wichtig,
hält sich selbst für eine Zier.

Heuchelei steht oft für Demut.
Mancher kennt nur Geiz und Neid.
Doch der liebe Gott sieht alles:
Gebekraft und Dankbarkeit!

Das Zwiegespräch

„Was gab mir schon das bißchen Leben?!"
So klagt ein Mensch am Schluß der Zeit.
„Was hab' ich schon von allem Streben?
Es gab mir meist nur Einsamkeit!"

Und bei ihm saß – schon reich an Jahren –
ein Mann der Kirche, schlicht und wahr.
„Zürnt nicht mit Gott", spricht er erfahren,
„und seht die Dinge recht und klar.

Ihr habt gelebt von Gottes Gnaden,
denn seine Güte reicht so weit;
habt viel Erfolg Euch aufgeladen,
doch – wart zum Geben Ihr bereit?

Es bleibt die Liebe, die Euch rühret,
und auch die Hoffnung, die der Himmel setzt;
der Glauben, der die Menschen führet,
damit die Seele nicht zerfetzt."

„Fürwahr", so spricht der andre nun,
„Ihr kommt zur rechten Zeit.
Ich lebte auf zu großen Schuhn
und war zum Danken nie bereit.

Nehmt jetzt mein übervolles Herz
in Eure betend Hände.
Das WORT DES HERRN besiegt den Schmerz,
führt hin zur guten Wende."

Humorvolle Verzweiflung

Ich habe oftmals nachgedacht,
was mir Vergangenes gebracht;
auch wie die Zukunft sich gestaltet
und ob das Glück sich mir entfaltet.
Ich habe rege nachgedacht,
und manchmal hat es nichts gebracht.
Hab' von der Stirn den Schweiß gewischt
und dachte: „Mensch, du kommst zu nischt!"

Die Pflichten rufen stets und ständig;
mag sein, dies hält uns fit und wendig.
Hätt' gern mal wieder was geschrieben,
für Lyrik mich fast aufgerieben,
hätt' gern den Menschen was erzählt,
damit sie nicht das Unheil quält,
hätt' gern ein zweites Bier gezischt
und denke: „Mensch, du kommst zu nischt!"

Und dann des Lebens kleine Tücken!
Stets sind sie da, wo große Lücken!
Hast du Termine, ruft der Garten!
Die Hausfrau ruft: „Denk an den Braten!"
Das Telefon beleidigt schrillt!
Ich eile, bin ja stets gewillt!
Doch in mir drin wird aufgemischt,
ich stöhne: „Mensch, du kommst zu nischt!"

Von allen Seiten tönt's im Chor:
„Nun stell dich mal bei Müllers vor!"
Die Kinder hören laut Musik;
wer sich empört, hat einen Tick.
Des Lebens Auf und Ab wird härter,
ich konzentrier' mich immer stärker,
denn schnell ein Geistesblitz verlischt,
ich merke: „Mensch, du kommst zu nischt!"

Der Mensch hat wahrlich viele Träume
und müht sich, daß er nichts versäume.
Er will zuviel auf einmal tun;
daß er's nicht schafft, läßt ihn nicht ruhn.
Verzweifelt nunmehr stellt er fest:
„Die Grübelei gibt mir den Rest!
Nun nehm' ich's, wie's mir aufgetischt,
und flüster: „Mensch, du kommst zu nischt!"

Und wieder hab' ich nachgedacht,
ob ich wohl alles recht bedacht.
Man kann nur geben, was man hat!
Wie oft auch wendet sich das Blatt!
Jetzt bin ich wie ein Ruhepol
und fühl' mich auch bei Hektik wohl.
Wer Freude an der Arbeit hat,
der sagt sich: „Mensch, nu schaffste was!"

Sommerurlaub

Der Urlaub naht für viele Wochen.
Wir reisen, baden, campen, kochen;
die Sorgenfalten langsam schwinden,
weil wir den Alltag überwinden.
Die Sonne, wenn sie wirklich scheint,
hat's immer gut mit uns gemeint;
man wird so freundlich und so braun,
man braucht sich ja nur anzuschaun!
Das Leben zeigt die schönsten Seiten,
der Frohsinn kann sich schnell verbreiten,
die Liebe lacht, das Essen schmeckt,
statt sieben wird um neun geweckt,
der Tagesplan hat keine Zeiten,
da geht man schwimmen oder reiten,
man redet viel, man tanzt und lacht,
dem Streß wird der Garaus gemacht,
das Gläschen Wein sei nicht vergessen,
der Grill, das Bier, stets angemessen,
das Wandern hält uns fit und munter,
auch mit der Seilbahn rauf und runter,
und mit Gesang bei Spiel und Sport
fühlt man sich wohl am Urlaubsort.

Und naht der Tag, wo alles endet,
wo sich das Freizeitblatt halt wendet,
dann seid nicht traurig, seid bereit!
Auch nächstes Jahr ist Urlaubszeit!

VI

Des Nagels Kopf getroffen

In diesem besonders ausgewählten Lyrik-Kapitel werden gewisse Verhaltensweisen beleuchtet, sozusagen die Dinge beim Namen genannt, deutlich, manchmal wohl auch schmerzlich, auf jeden Fall ein lyrisches Aufdecken und Anprangern von Dingen und Situationen, die zum Nachdenken zwingen sollen. Inhalt und Aussagen in dieser Lyrikart – auch das ist Lebensnähe …

Des Nagels Kopf getroffen

Die Menschheit nimmt sich gerne wichtig,
obwohl nicht immer alles richtig.
Sie ist beleidigt und vergrätzt,
wenn man sie mit der Wahrheit ätzt.
Du darfst da nicht auf Lob noch hoffen,
hast du den Nagel auf den Kopf getroffen!

So ist's im großen wie im kleinen,
oft will es nicht verständlich scheinen,
da nimmt sich mancher äußerst wichtig,
obwohl so manches null und nichtig.
Und sagst du's ihm, ist er betroffen,
weil du des Nagels Kopf getroffen!

Die Umwelt ist ein starkes Thema.
Man diskutiert und sucht ein Schema,
wie manches noch zu retten sei,
und stöhnt vor Schreck: „O weh, o wei!"
Zeigt sich der Erde Schlund erst offen,
dann hast du deinen Kopf getroffen!

Wohl schwerlich ist's, zu überzeugen.
Grundsätzlich mag sich keiner beugen.
In vielen menschlichen Bereichen,
da stellt man oft die falschen Weichen!
Doch nur die Einsicht läßt uns hoffen,
weil da des Nagels Kopf getroffen!

Das hast du nun davon!

Es lebt sich leichter, wenn man lacht,
doch dies ist schwerer, als man denkt.
Was uns das Leben zugedacht,
hat unsre Schritte stets gelenkt.

Es lebt sich leichter ohne Last,
doch unser Leben ist nie leer!
Das Schicksal hat oft zugefaßt,
und es kam nicht von ungefähr.

Es lebt sich leichter ohne Streit,
doch auch das Meer ist nicht nur still.
Und macht ein Grollen sich mal breit,
so soll es kommen, wie es will!

Es gilt als Fazit eines Lebens:
Nicht alles ist wie ein Bonbon!
Was du auch tust, ist es vergebens,
sagt man: „Das hast du nun davon!“

Das geht so nicht!

Dem Schicksal in die Karten sehn,
mit Macht die eignen Wege gehn,
im voraus alles wissen wollen
und programmiert durchs Leben rollen,
das geht so nicht!

Aus sicherer Entfernung motzen,
dem anderen ans Schienbein klotzen,
als Wolf im Schafspelz kräftig naschen,
versuchen, Rechte zu erhaschen,
das geht so nicht!

Mit Optimismus und Vertrauen
auf Kraft und eignes Können bauen,
mit seiner Umwelt stets im reinen,
so ist es recht, will es mir scheinen.
Das lob' ich mir!

Der Anti-Hunger-Sammler

Ich nehm's in Kauf, die vielen Fragen;
will eure Neugier gern ertragen,
obwohl ihr wißt, wie in der Welt
der Hunger seinen Einzug hält.

Für ein paar Mark seid ihr dabei
und lindert dort die Hungerei,
wo Not und Elend noch regiert
und wo der Tod das Zepter führt.

Ich nehm's in Kauf, will's gern ertragen,
wenn ihr mich nervt mit all den Fragen.
Doch besser wär's, wenn ihr nur nickt
und stumm in eure Taschen blickt.

Dort steckt die Mark, die Leben rettet,
derweil ihr selbst – fein eingebettet –
in eurer Wohnung Fernsehn schaut!
Bei dem Gedanken es mir graut.

Helft helfen! Nehmt es ernst und wichtig!
Seid einfach Mensch, dann liegt ihr richtig!
Die Liebe ist das Brot des Lebens!
Wenn ihr versagt, lebt ihr vergebens!

Und du?

Ein Ruf nach Hoffnung geht durch die Welt,
und daß in Freundschaft zusammen man hält!
Ein Schrei nach Brot schreckt mahnend die Länder!
Wo bleiben die Freunde, die Helfer, die Spender?!
Ein Lied der Liebe beflügelt die Erde,
daß Menschen sich achten und Friede es werde!
Ein Wort des Dankes, ein stilles Gebet;
die trennenden Gräben sind zugeweht.

Letztes Hemd hat keine Taschen
oder Das Anti-Geiz-Gedicht

Offne Türen rennt man ein,
wenn man bringt, was euch gefällt,
was die angenehmen Seiten
unsres Lebens stets erhellt.

Viele Herzen, viele Türen
schließen sich jedoch bei Not,
und man kann es richtig spüren:
Wichtig ist nur eignes Brot!

Deshalb: Will man selbst vernaschen,
was das Leben einem bringt,
letztes Hemd hat keine Taschen,
wenn man in die Grube sinkt!

Hintergründig gefragt

Hallo, lieber Mitmensch hier,
der du grad stehst neben mir!
Hörst du manchmal auch die Frage,
wenn die Ware auf der Waage:
„Darf's dies bißchen mehr wohl sein?" –
„Aber bitte, gerne, fein!"

Hallo, lieber Mitmensch hier,
der du sitzt grad neben mir!
Wenn es dir so richtig schmeckt
und man ab den Löffel leckt:
„Darf's ein bißchen mehr wohl sein?" –
„Aber bitte, gerne, fein!"

Hallo, lieber Mitmensch hier!
Deine Hilfe lob' ich mir!
Sicher hast du gern gespendet,
als man sich an dich gewendet?!
„Darf's auch davon mehr mal sein?
Na?" – „Ja bitte, gerne, fein!"

Nur Worte

Da labern sie wieder von Glück und von Frieden,
von Eintracht und Liebe, von Hoffnung hienieden!
Es braust mancher Beifall, die Töne sind schön;
ironisch betrachtet ist alles nur Föhn.

Da streiten sie wieder mit tausend Zungen,
mit ironischem Lächeln, mit vollen Lungen!
Es blühn Argumente so blumig und bieder,
und dennoch reißt niemand den Vorhang hernieder!

Da fordern sie wieder bei vollem Verstand,
bei klingenden Kassen, bei Sorgen im Land!
Es soll alles besser auf Erden sich zeigen,
nur keiner beginnt mit dem richtigen Reigen!

Da beten sie wieder um Brot und um Regen,
um gutes Gelingen, um Trost auf den Wegen!
Es dämmert im Herzen, es mahnt unsre Seele,
daß alles sich neiget, wenn Einsicht uns fehle!

Da steht nun die Menschheit und schaut auf die Früchte
und hadert voll Inbrunst und zitiert die Geschichte!
Ach, hätte man bloß mit mehr Weisheit gerichtet!
Dann hätt' sich erübrigt, was hier ich gedichtet!

Bunt gereimt

Lirum-Larum-Löffelstiel, erwarte nie vom Leben viel!
Es kommt meist anders, als man denkt, oft hat uns nur ein Traum gelenkt!

Dideldum und dideldei, manchmal bricht das Glück entzwei.
Jeder hält die Hände auf, selten aber fällt was drauf.

Fidibauz und fidibum, manchmal ist es gar zu dumm.
Alle wollen erster sein; nimm es hin und schick dich drein.

Valleri und vallera, Hoffnung ist für alle da!
Menschsein ist ein schweres Los! Wie macht Freund und Feind das bloß?!

Tirili und tirilei, alles geht einmal vorbei.
Wie ein kunterbunter Falter zieht uns fort das Lebensalter.

Jippijeh und heißahopp, mancher Einfall ist ein Flop.
Und was dir gescheit erschien, ist für andre nur ein Spleen.

Hollahi und hollaho, trotzdem sei des Lebens froh!
Auch der Spatz dort auf dem Dach pfeift ein Lied und hält sich wach!

Fazit dieser bunten Reime:
Nie verzage, niemals weine!
Nimm das Leben, wie es ist!
Glücklich ist, wer Leid vergißt!

„Guten Morgen, lieber Hörer und Leser!"
oder Ironische Lebenslyrik

Kaum ist man erwacht und der Tag beginnt,
da sind schon die Medien am Werke.
Die Zeitungen melden uns Freude und Leid,
auch der Rundfunk hält Meldung und Lieder bereit,
und wer kann, demonstriert seine Stärke.

Sie alle melden korrekt und beflissen;
nur schade, daß viele Geschehnisse schlecht.
Doch so ist das Leben in allen Ländern,
die Vielfalt der Themen – wer wollte sie ändern?!
Hier Trübsal und Tragik, dort Tugend und Recht!

„Guten Morgen, liebe Hörer! Sie hören Musik,
dazwischen das Neuste aus Politik,
das Wettergeschehen wird auch angesprochen,
und es folgt ein Bericht, weil ein Mensch erstochen."

„Guten Morgen, liebe Leser!" meint ehrlich die Zeitung.
Die Schmunzelseite bringt reichlich Erheitrung;
dann Lokales und Weltweites dichtgedrängt,
und der Börsenhimmel zeigt sich verhängt.

„Guten Morgen, liebe Hörer! Wie wär's mit 'nem Ständchen?
Seid nett zueinander und gebt euch mal Händchen!
Berichte vom Tage folgen dann später,
die Meldung von Demos geht durch den Äther."

„Guten Morgen, liebe Leser!" Es gibt auch mal Pannen.
Ein Tanker ist leck, kaum der Ölfluß zu bannen.
Der Schützenverein feiert sein Jubiläum.
In der Kirche erklingt heut Bruckners großes TE DEUM.

„Guten Morgen, liebe Hörer! Der Sport hat das Wort.
Und der Seenotkreuzer nahm zwei Menschen an Bord.
Das Benzin wird wohl teurer, der Autoboom rollt,
Europa wird kommen und nichts mehr verzollt.“

„Guten Morgen, liebe Leser!“ Gesundheit ist wichtig.
Seid nett zueinander, dann liegt ihr richtig!
Auch gibt es noch Hunger in Teilen der Welt,
und man sollte sich fragen, wie das sich verhält.

„Guten Morgen, liebe Hörer! Jetzt rüstet man ab.
Die Preise gehn runter, Raketen sind knapp.
Der Wald liegt im Sterben, der Mensch aber pennt;
das Ozonloch wird größer, die Weltenuhr rennt!“

„Guten Morgen, liebe Leser!“ Brot für die Welt!
Und auf einsamem Posten kämpft mancher Held.
Die Wirtschaft geht aufwärts, die Spenden runter;
es fordert der Mensch, weil sein Leben noch bunter.

So kommen und gehen die Tage der Zeit,
auch zum Nachdenken sind manchmal Leute bereit.
Und fragst du dich, was diese Verse dir geben,
dann sage ich: „Das ist ein Stück von dem Leben.“

Kleine Brötchen back' ich nicht!

Kleine Brötchen back' ich nicht!
Geb' den Dingen sein Gewicht,
sag', was Sache ist im Leben,
gegen Mob und falsches Streben!

Kleine Brötchen back' ich nicht,
schau der Wahrheit ins Gesicht.
Alles, was das Herz bewegt,
hat mich ständig angeregt.

Kleine Brötchen back' ich nicht;
Offenheit – mein Leibgericht!
Ob der Magen voll, ob leer,
sinnvoll siegen ist nicht schwer.

Kleine Brötchen back' ich nicht
vor der Falschheit Streitgericht!
Alles, was zu sagen ist,
sag' ich ohne jede List.

Kleine Brötchen back' ich nicht,
droht euch manchmal auch Verzicht.
Alles hat so seinen Sinn,
und manch Einsicht bringt Gewinn!

Kleine Brötchen back' ich nicht!
Kleiner Mann ganz groß!
Steht man fest zu ,law and order',
zeigt sich auch ein gutes Los.

Moderne Zeit

„Gestern ist over, heute ist heut!
Seht, was wir schafften, ihr lieben Leut!“
So stehen sie da mit stolzer Brust,
und wenn es nur Gutes wär’, wär’s eine Lust!

Leider jedoch stehn die Zeichen auf Sturm.
Irgendwo kriselt es, naget der Wurm.
Psychologisch gesehn meint sich jeder im Recht,
doch Liebe und Zuversicht ergänzen sich schlecht.

So nehmen und nehmen sie, ohne zu geben,
und nennen es dann ein erfülltes Leben!
Zur Weihnacht zur Kirche, ansonsten nie Zeit.
„Es lebe, was schön ist, denn heute ist heut!“

Man fragt sich darum: „Wie wird’s weitergehn?
Ohne die Lehren von gestern ist kein Vorwärtssehn!“
Das Vermächtnis der Alten und der Jugend Mut,
das beides gepaart, schafft höchstes Gut!

Hochgestochen

Sicherlich kannst du, lieber Leser, dir vorstellen, daß es viele Mitbürger – weltweit – gibt, die die Nase nicht hoch genug tragen können, die über allem schwebend alles besser wissen wollen, die sich als ständiger Mittelpunkt verstehen und mit hochtrabenden Worten sich darzustellen versuchen. „O, shocking!" Wenn das Schule macht …

Hochgestochen

Um sich geziemend zu beweisen,
läßt er Normalität vereisen
und redet hochgestochen Stuß.
Fürwahr, das ist kein Hochgenuß!

Nach Innovationen gieren,
mit seinesgleichen nur parlieren,
sich ein Genie der Menschheit nennen
und sich als Mittelpunkt bekennen,

verstandesmäßig kopulieren,
den Geistesblitz manipulieren,
wie ein Pythagoras bekehren,
ad usum proprium bescheren,

an die Chemie der Massen glauben,
sich kapriziös ein Ding erlauben:
DIE NASE HOCH BIS KURZ VORM FALL …
SO ENDET ER ALS ERBSENKNALL.

Kritische Betrachtung

Die Welt, in der wir wohnen,
die Meinung, auf der wir thronen,
die dicke Haut, die uns belastet,
die Stolzheit, die uns angelastet,
die harte Schale, die uns trennt,
die Gier nach mehr, die uns verbrennt,
die Mißgunst, die uns stets verleitet,
die Eitelkeit, die sich verbreitet,
die Feindschaft, die ein Leben spaltet,
die Sturheit, die den Geist verwaltet –

mir fällt zu allem nichts mehr ein,
es sei denn, man will besser sein.

Hast du schon?

Hast du heute schon gelobt?
Hilfsbereitschaft mal erprobt?
Einem Menschen zugehört?
Ihm gesagt, daß er nicht stört?

Hast du Freundlichkeit gezeigt?
Dich vor Menschlichkeit verneigt?
Jeder Tag scheint mir verloren,
an dem Eigennutz geboren!

Deines Lebens Wenigkeit
endet in Glückseligkeit,
weil du Freude hast gespendet,
die dann doppelt bei dir endet.

Erdenbewohner

Sie nennen sich Menschen, aber oft handeln sie nicht als solche.
Sie bewohnen die Erde, den blauen Planeten, aber sie nutzen sowenig dieses Glück.
Sie haben Geist und Wissen, aber oft die falschen Ziele.
Sie empfangen das warme, lebensspendende Licht der Sonne, aber in ihren Herzen herrscht oft Nebel und Kälte.
Sie bauen hohe Häuser und vergessen darüber ihre Kirchen und Dome.
Sie schmieden Waffen gegen Menschen und sind oft wehrlos gegenüber ihren eigenen Nöten.
Sie lieben ihre Mitmenschen, wenn es ihnen nützlich erscheint, aber oft spenden sie Undank, wenn nichts mehr zu holen ist.
Sie besingen des Allmächtigen Schöpfung und das Licht der Sterne, aber sie vergessen zu schnell diese Wahrheiten, wenn der letzte Ton verklungen ist.
Sie erforschen das Weltall, aber sie sind zu schwach, ihre eigene Heimstatt, den blauen Planeten, in Ordnung zu halten.
Sie beten auch, aber oft überkommt sie der Haß.
Sie diskutieren die Vergangenheit, aber zuwenig lernen sie daraus für die Zukunft.

So bleibt uns die Hoffnung auf die Kraft der Erkenntnis, daß wir Zwerge sind im All und gegenüber der Natur, aber Riesen sein könnten in der Erringung von Menschlichkeit, in der Gestaltung von Gerechtigkeit, Gemeinsamkeit und Frieden auf Erden!
Auf der Bühne des Lebens stehend können wir beweisen, ob wir Applaus verdient haben!
Ein großes Ziel ist uns vorgegeben; es zu erreichen, sollte es wert sein, alle Kräfte zu mobilisieren!
Denken wir darüber nach! Packen wir's an!

Applaus, Applaus!!?

„Wollt ihr wohl klatschen …?“

Applaus erhaschen ist heutzutage eine besonders beliebte Beschäftigung. Bei gutem und schönem Hintergrund eine wunderbare, uneingeschränkt legitime Sache. Applaus ist zumindest der psychologisch wertvolle Dank für die guten Ergebnisse harter Arbeit in allen Bereichen, für die guten Ergebnisse intensiven Nachdenkens und aufopfernder Tätigkeiten. Applaus bedeutet Anerkennung für hervorragende Leistungen, Schöpfungen oder Darbietungen auch auf kulturellem Sektor. So kann sich hier also das „menschliche Welttheater“ in seiner Aufrichtigkeit beweisen und immer wieder erneuern! Denn eines dürfte klar sein: Wir alle stehen auf der Bühne des Lebens und spielen das Stück von dem Glück!

„Applaus! Wollt ihr wohl zustimmen!!?“

Wie gerne, wenn die Argumente stimmen! Wenn es um das Ergebnis reiflicher, verantwortungsbewußter Überlegungen geht. Ja! Ohne „Wenn“ und „Aber“, wenn der Mensch im Mittelpunkt steht! Ohne Klüngelei, ohne Sonderlobby, ohne Verdrehungen und Winkelzüge! Das gilt für die hohe Politik ebenso wie für die Wirtschaftsunternehmungen, für Medienbemühungen, für das Vereinsleben schlechthin – eben für ein gutes, geordnetes, menschliches Miteinander!

Da fallen mir erneut Worte meines früheren Geschichtslehrers Bruhn ein:

„Laßt Fleiß, Gerechtigkeit und Toleranz in euren Köpfen herumspuken! Es ist die Wahrheit die beste Kapitalanlage für eine sichere Zukunft! Dann und nur so werdet ihr, wird die Welt auf allerbestem Wege sein!“

„Applaus! Wollt ihr wohl nachgeben!?“

Weshalb eigentlich?! Nur der Rechthaberei wegen? Damit die Zahlen der Abstimmung stimmen? Damit die Stimmung bewußt in eine Richtung umschlagen soll?

Applaus für Ungereimtheiten und Unsicherheiten? Nur Klarheit und Geradlinigkeit schafft Zustimmung aus Überzeugung und löst Probleme zum Wohle aller!

Und ich zitiere hier außerdem gern auch die Worte des ehemaligen und geschätzten Ersten Vorsitzenden des Verbandes der Schriftsteller in Schleswig-Holstein e.V., Herrn Eberhard Wever, der einmal folgendes kundtat:

„In der heutigen Zeit, in der Geist und Ohren müde geworden sind, die Menschen sich mehr auf Äußeres werfen und Zahlen mehr Bedeutung haben als das Wort, sollten wir Schriftsteller alles daransetzen, mit ungebrochenem Gedankenreichtum und mit der vielfältigen Schönheit unserer Sprache dem Werteverfall eine Alternative entgegenzustellen: nämlich weiter daran arbeiten, den Lebenssinn festzuhalten.“

Diese Feststellung, dieser Wunsch, diese Mahnung dürfte Weltgeltung haben.
Applaus also für jene Menschen unseres Planeten, die als mahnendes Gewissen unserer Zeit auftreten und sich um Toleranz und Verständnis unter den Menschen bemühen! Applaus daher auch für jene Autoren unserer Zeit, die nachvollziehbar *lebensnah* ihre Gedanken und Werke der Öffentlichkeit präsentieren und gerade deshalb – Gott sei Dank – immer mehr Eingang finden in die Gedankenwelt der meisten Mitmenschen.
Kaum jemand wird offen zugeben wollen, daß in Wirklichkeit die Suche nach echter Geborgenheit, nach Verständnis und Gemeinsamkeit die Seele des Menschen bewegt.
Warum aber schämt man sich so oft seiner wahren Gefühle?!
Tatsache ist: Wir leben – leider immer noch – in einer „Welt der gespaltenen Zunge".
Themen der Zeit?
„Das hast du nun davon!" heißt es oft gespielt mitleidig oder manchmal auch hämisch.
Kann das ein nachahmungswerter Zeitgeist sein?
Menschenschelte wäre angesagt; manchmal, oft, vielleicht sogar immer öfter. Aber es gibt sie noch, die Menschen! Die wahren Menschen!
Applaus kann nicht gefordert werden! Applaus ist ein Gradmesser für gute Leistungen, bedeutet Würdigung und Anerkennung.
Menschlichkeit
ist einer von vielen Wegen zum gegenseitigen Verstehen!
Wahrhaftigkeit
ist eine von vielen Brücken, die wir benutzen sollten!
Hoffnung
ist eine von vielen Kräften, die uns begleiten sollten!
Schaffen und erhalten wir uns ein solches Bühnenbild!
Applaus den Kräften des Ausgleichs!
Applaus den fördernden Kräften unserer Zeit!
Applaus den Stimmen der Vernunft!
Das Barometer für diese Richtung ist nicht die Börse, so wichtig sie für wirtschaftliche Überlegungen und Tendenzen sein mag. Barometer und Gradmesser für diese menschlichen Grundwerte sind sowohl Volkes Stimme als auch die Medienlandschaft schlechthin, die förderlich diese Gedanken immer wieder aufgreift, abruft, wiedergibt.

Das Applaus-Gedicht

Was suchen die Leute in aller Welt?
Applaus, Applaus!
Was ist es, was die Macher in Atem hält?
Applaus, Applaus!
Mal zeigt sich Fassade, mal ehrliches Lob,
wenn das Klatschen der Hände in den Himmel sie hob.
Applaus, Applaus!

Wovon träumen die Menschen in aller Welt?
Applaus, Applaus!
Woran glauben sie alle, ob Bürger, ob Held?
Applaus, Applaus!
Ernährt ihren Fleiß und soll sie bestärken,
doch richtet sich alles nach ihren Werken.
Applaus, Applaus!

Wie heißt die Devise hier und da?
Applaus, Applaus!
Wie nennt man den Zielpunkt fern und nah?
Applaus, Applaus!
Er gilt mal den Starken und ehrt oft die Schwachen,
mal könnte man weinen und oftmals auch lachen.
Applaus, Applaus!

VII

Lebenslauf, du Schicksalsmacht

Lebenslauf

Lebenslauf, du Schicksalsmacht!
Hast uns Glück und Leid gebracht,
tatst mit Sonne, Wind und Regen
stets den Lebensweg bewegen.

Lebenslauf, du Hoffnungsspender!
Freudentränen, Trauerränder,
beides hast du ausgeteilt,
und wir sind dir nachgeeilt.

Lebenslauf, du mein Begleiter!
Hürdenlauf und Siegesreiter!
Alle Wege führ'n nach oben,
um am Ende Gott zu loben.

Manchmal

Manchmal bin ich stumm vor Glück,
dankbar, daß es so geschah.
Wenn das Herz vor Freude springt,
ist ein Himmel nah.

Manchmal bin ich stumm vor Leid,
fassungslos, dem Schicksal gram.
Wenn die Seele Trauer trägt,
scheint ein Leben lahm.

Manchmal bin ich stumm vor Demut;
glaube fest an eine Macht,
die des Menschen Herz bewegt,
Licht erschuf zur Nacht.

Da stehst du nun …

Da stehst du nun, und reich an Jahren
durchdenkst du deines Lebens Gang.
Warst Mensch und Clown und Prügelknabe,
doch standhaft all dein Leben lang.

Als Mensch versuchst du zu verstehn,
bringst Güte und Erfahrung ein.
Du leidest, hilfst, machst selbst mal Fehler
und wirst auch Undank noch verzeihn.

Vom Clown, der du für viele bist,
erwartet man des Lebens Freuden.
Du zeigst ein lachendes Gesicht,
darfst Kummertränen nicht vergeuden.

Und macht man dich zum Prügelknaben,
weil andre weiße Westen wollen,
dann steh auch dann zur Wahrheit ganz,
auch wenn des Feindes Freunde grollen!

Wie man im Leben dich auch nennt,
ob Mensch, ob Feind, ob Unglücksrabe:
Der Himmel ist für alle gleich,
auf daß ins gleiche Ziel man trabe!

Ohne

Ohne Arbeit, ohne Liebe spürst du bald des Lebens Hiebe.
Ohne Freude, ohne Kraft hat ein Schicksal dich geschafft.
Ohne Hoffnung, ohne Glauben wird die Welt das Herz dir rauben.
Ohne Schutz für deine Seele ist das Leben ein Gequäle.
Ohne Mut und Gottvertrauen kann man keine Brücken bauen.
Ohne Menschlichkeit und Wahrheit fehlt dir stets des Lebens Klarheit.

Harmonie des Lebens

Um andre Menschen zu verstehn,
mußt du oft viele Wege gehn.
Da gilt es, sich zu überwinden
und goldne Brücken aufzufinden.

Um deine Umwelt zu begreifen,
da muß das eigne Ich oft reifen.
Wenn wir erst Selbsterkenntnis haben,
erfreuen wir mit unsren Gaben.

Um Glück und Hoffnung zu erleben,
muß man hinzu auch selbst viel geben.
Was wir an Zuversicht verschenken,
wird auch zurück zu uns sich lenken.

Um solche Weisheit zu erkennen,
muß Einsicht man sein eigen nennen.
In Harmonie lebt Mensch und Welt,
wenn alles sich die Waage hält!

Gleichklang

Wir alle wollen Glocken sein
mit Reden und mit Taten.
Es sei der Klang des Lebens rein,
kein Wirken darf mißraten.

Wir alle wollen Glocken sein,
die von der Wahrheit künden.
Es kann das Gute nur gedeihn,
wenn wir einander finden.

Wir alle wollen Glocken sein
mit reinen, vollen Tönen,
die aufwärtsstrebend unser Sein
mit einem Gott versöhnen.

Das Salz des Lebens

Es ist nicht alles optimal
auf dieser schönen Erde.
Ich meine auch, das muß nicht sein;
ein bißchen Salz gehört hinein,
damit nicht fad das Leben werde!

Wenn alles leicht zu haben wär'
und gänzlich ohne Mühen,
wer macht' dann noch die Finger krumm?!
Das Leben wäre fad und stumm,
kein Ehrgeiz würde blühen.

So wünsch' ich mir und wohl uns allen,
daß voller Würze unser Leben!
Mal hoch, mal tief, wie Wellenreiten,
so mag das Schicksal uns geleiten
und uns das Salz des Lebens geben!

Reifen, begreifen

Im Leben stehn heißt vorwärtsgehn!
Dem Schicksal in die Augen sehn!
Und was man lernt aus allen Dingen,
mag uns zu mancher Ansicht zwingen!

Es gibt nicht nur Helau, Alaaf
und auch nicht nur das Sündenschaf!
Der Kern der Dinge zeigt die Mitte.
Verstehen sei des Menschen Sitte!

Das Fazit ist aus allen Lehren:
Man soll Besinnung sich bescheren!
Wenn Träume und Gedanken reifen,
hilft Weitsicht oft, um zu begreifen!

Leben

Woraus besteht das Leben?
Aus Glauben, Liebe, Zuversicht,
aus Hoffnung, Helfen, Geben,
aus Neid und oft auch aus Verzicht.

Woraus besteht das Leben?
Aus Freude und Gemeinsamkeit,
aus Glück wohl auch und Streben,
aus Leid und oft auch Einsamkeit.

Woraus besteht das Leben?
Aus Kindheit und aus Zeit der Pflicht,
aus Schicksalsschlägen, starren Schemen,
aus Güte, Dunkelheit und Licht.

So ist das Leben eben.
Es dreht sich wie ein Karussell
und wird uns die Erkenntnis geben:
Die Bilder wechseln schnell!

Alten Mannes Lebensweisheit

Wollt ihr mich nach Jahren messen,
ist's wohl ein vergeblich Mühn;
greises Haupt ist schnell vergessen,
jede Blume wird verblühn.

Laßt euch daher eines sagen:
In den Augen müßt ihr's lesen!
Auch im Alter nie verzagen
und am Glücke stets genesen!

Empfindungen

Wenn ich so durch die Lande zieh',
mich oftmals frage, wann und wie
des Menschen Seele dankbar ist,
dann spür' ich, daß man schnell vergißt.

Wenn ich so durch die Lande reise
und dankbar meinen Schöpfer preise,
dann denk' ich, es wär' gut bestellt,
wenn Menschlichkeit die Weichen stellt.

Wenn wir Gefühle wieder zeigen
und Herzlichkeit des Lebens Reigen
in vollem Glanze strahlen läßt:
Das nenn' ich Glück, das halt' ich fest.

Wenn wir zu solchen Zielen streben
und uns die Hände stärkend geben,
hat alle Unvernunft ein End',
und Licht in unsern Herzen brennt.

Aufmunterung

Das Leben wär’ ein Trauerspiel,
wenn du dich sorgst und grübelst viel.
Sei aufgeschlossen, froh und weise,
dann meisterst du die Tränenkreise,
die deines Wirkens Hemmschuh sind!
Wer fröhlich wagt,
nur der gewinnt!

Lebenskampf –

das ist uns allen ein vertrautes Wort. Wer hat nicht schon erlebt, wie es im Verlauf seines Lebens bergauf und bergab ging, wo sich Hoffnungen zerschlugen, aber wo sich auch Stunden des Glückes und des Erfolges zeigten!

Die Erlebnisse von Krieg, Hunger, Not und Elend einerseits, harte Arbeit und die Suche nach Erfolg und Bestätigung im Leben andererseits: Das Leben hat viele Gesichter!

Von der Wiege bis zum Grabe sind wir hineingestellt in eine Welt der Ordnung und der Unordnung, des Guten und des Bösen, voller Wohlwollen und voller Neid, voller Liebe und voller Haß.

„Packen wir's an!“ heißt es in einem Slogan unserer Zeit. Aber das sollte sich nicht nur auf die Welt der Arbeit und der Forschung beschränken. Tun wir etwas, um unsere Welt erlebenswert und wieder liebenswert zu machen!

Die Anforderungen sind hoch; manche Zielsetzung ist mehr Wunschdenken als praxisnah, und mancher Plan wird erst nach harter, geduldiger Arbeit Gestalt annehmen. Aber etwas mehr Besinnlichkeit, Zugänglichkeit, Nachdenklichkeit stünden uns ganz gut zu Gesicht! Und – ob nicht ein Wort des Dankes oder eine ausgestreckte Hand unser aller Leben bereichern könnte?!

Roulett des Lebens

Überdenkst du Ddein Leben … dein Schicksal … deine Wege?
Gegenwartsgebunden sind Vergangenheit und Zukunft
im Spiel der Gedanken.

Für und Wider. Urteil und Wollen –
schreib alles nieder, was dich bedrückt.

Roulett des Lebens:
Sieg und Enttäuschung, Begehren und Entsagung,
Freude und Leid im ewigen Wechsel des Glücks.

Und mittendrin stehn wir.

Blick zurück und lächle!

Oft bleibt einem ja auch nichts anderes übrig. Manchmal ist guter Rat teuer, manchmal läuft alles wie geschmiert. Denke nach und lächle! Man lernt sich anzupassen, alles hinzunehmen wohl kaum.
Schicksalsmacht?
„Lache, Bajazzo!“ kommt es mir in den Sinn. Eine entsprechende Opernszene bringt sich mir in Erinnerung.
Oder: „Wie's da drinnen aussieht, geht niemand was an.“

Mir gerät auch der Auftritt eines Zirkusclowns in Erinnerung. Was immer ihn bewegt in seinem Innersten, THE SHOW MUST GO ON! Her mit der Maske! Gelacht soll werden! Über Tolpatschiges, Heiteres, Hintergründiges!
Und wer nimmt es einem Clown wohl übel, wenn er listig Lustiges mit Ernstem mischt und wenn er seiner Meinung in Clownsgestalt freien Lauf läßt oder mit seinen ach so großen Schuhen dem vermeintlichen Schurken einen Tritt in den Hintern verpaßt!

Ich kenne genügend Situationen im wirklichen Leben, da hätte ich Lust gehabt, ebenso zu verfahren. Aber man ist ja manierlich, zivilisiert und hält sich vornehm zurück; man versucht es jedenfalls.
Aber ehrlich: Möchten wir nicht auch manchmal in ein Clownsgewand schlüpfen? Als Clown *darf* man auch mal treten!

Nach diesen gewissermaßen einleitenden Worten kann man nachstehend zwei Gedichte lesen, Lebensnähe zum Nachdenken,
nämlich: Der Clown und das Leben,
und: Das Leben – ein Zirkus?

Clown und Leben

Manchmal möcht' man rückwärts schau'n
und die Erinnerung vergolden,
ist dankbar der Vergangenheit,
der fernen und der holden.
Da waren Menschen, waren Träume,
so manche Freude, manches Glück;
jetzt hält uns Gegenwart gefangen
und bringt Vergangnes nicht zurück.

Das Lachen unserer Kindheitstage,
es war so herzlich und so rein;
jedoch je älter wir geworden,
war manches Lächeln nur noch Schein.
Und wie es beim Theater Brauch,
trägt eine Maske fast ein jeder;
heut möchte jeder hoch hinaus
mit Worten, mit der Feder.

Ich möchte oft ein Clown gern sein!
Dem nimmt man nie was übel!
Den Freunden ist er Strahlemann,
dem Schurken droht der Kübel!
Ist mir zum Heulen, soll ich lachen,
um Beifall wird bei mir gebeten;
und wer nicht spurt, wie sich's gehört:
Als Clown – darf man auch treten!

So ein Zirkus!

Zirkus, Zirkus, wohin man schaut!
So bunt ist das Leben, so lustig, so laut!

So werbig, so fetzig, so kernig, so schwätzig,
so lieblich, so biestig, so niedlich, so lästig,

so überaus freundlich und engagiert,
so fürchterlich motzend und ständig mokiert,

nach Vorteilen suchend, nach Flitter und Glanz,
in Erfolgen sich sonnend und aufopfernd ganz!

Das Leben – ein Zirkus! Voll Achtung und Ehr!
Nur – kaum einer glaubt das. Es fällt wohl zu schwer.

Schicksals Farbenspiel

Das Schicksal ist ein Farbenspiel:
von hellem Glanz bis dunklem Schatten.
Es gibt uns manchmal viel zuviel
und wirft uns oft auch auf die Matten.

Der Liebe Rot, der Hoffnung Grün,
der Treue Blau, des Herbstes Bräune –
im Regenbogen sieht man blühn
des ganzen Lebens Glanz und Schäume.

Nimm hin, was dir entgegenflutet
und dir vom Schicksal ist bereitet;
im Farbenspiel – ganz unvermutet –
wirst du mal fehl-, mal lichtgeleitet.

Schach und Leben

Ich spiel' so gerne Schach,
mal gut und auch mal schwach.
Es ist, als stünde man im Leben,
auch da ist manches gar nicht eben.

Doch der Versuch, es gut zu machen,
der ähnelt sehr den vielen Sachen,
die auch im Leben uns begleiten
und uns mal Müh', mal Freud' bereiten.

Da zeigt sich, wie bei allem Streben,
daß mal der Hoheit Sieg gegeben
und es auch mal der Bauer ist,
der die Entscheidungsfahne hißt.

Ich spiel' so gerne Schach,
mal gut und auch mal schwach.
Ich bin mal König und mal Bauer.
Stets liegt das Schicksal auf der Lauer!

Was ist los!?

Was ist mit den Menschen los!?
Sehn sie eignen Vorteil bloß?
Meist sind sie am Kritisieren,
wollen nie sich selbst blamieren.
Um das eigne Ich zu schmücken,
heucheln sie mit viel Entzücken.
Bei der Arbeit und privat
bleibt der Rücken selten grad.
Bückling machen, Strebertum
bringt nur selten echten Ruhm!
Kommt dann die Bewährungsprobe,
ist es aus mit Glanz und Robe!
Alles hat so seinen Preis:
Ehrlichkeit, Gemeinschaft, Fleiß,
Freundschaft und Bescheidenheit,
Glück, Erfolg und Dankbarkeit.
Deshalb – von Beginn bis Ende –
reicht in Eintracht euch die Hände!

Das Leben ist ein Wunderland

Die Wahrheit mannhaft zu ertragen,
ist oft wie eine schwere Last.
Die Antwort auf so viele Fragen
ist bitter und erdrückt uns fast.

Wer ging nicht schon durch tiefes Tal
in diesem Weltgebilde!
Wer aber sah nach langer Qual
nicht auch die Hoffnung im Gefilde!

Des Menschen Schicksal heißt Geduld,
heißt warten auf die Gunst der Stunde.
Auch gibt man oft den Sternen Schuld
und hofft auf eine frohe Kunde.

Wenn ich es recht mir überlege,
so ist es doch wie Tag und Nacht:
Mal liegen Dornen auf dem Wege,
mal hat die Sonne uns gelacht.

Es geht nicht anders, muß so sein!
Das Schicksal reicht dir seine Hand!
Was du draus machst, so wird es sein!
Das Leben ist ein Wunderland!

Mitten im Leben

Mit Hoffnung im Herzen steht man im Leben.
Man greift nach dem Glück und bleibt oftmals daneben.
Es zieht in die Ferne uns, lockt und begeistert.
Und zieht man Bilanz, ist so manches bekleistert.
Auf Biegen und Brechen versucht man zu starten
und hat es so satt, auf die Chancen zu warten.
Man greift nach dem Glück, bleibt wieder daneben,
und mit Hoffnung im Herzen steht man mitten im Leben.

Straße des Lebens

Auf der Straße des Lebens geht so mancher vergebens,
sucht nach goldenen Zeiten, läßt von Panik sich leiten;
glaubt an ewiges Glück, wenn er rafft Stück für Stück;
führt ein hektisches Leben, geht auch manches daneben;
liebt sein eigenes Wollen und hört nicht Schicksals Grollen.

Eines Tages ist es soweit: Ewige Ruhe hat ihn befreit.
Er wollte sein seines Glückes Schmied,
bis er an mahnende Grenzen geriet.
War sich selbst Freund und gleichzeitig Feind,
selten war'n Herz und Seele vereint.
FAZIT: Lebe niemals vergebens!
Bleibe Mensch auf der Straße des Lebens!

Zuversicht

Alle Freuden, alle Leiden
zeigen dir den Weltenlauf.
Nimm sie hin, die großen beiden,
eins sei sicher: Gib nie auf!

Kommt ein Regen, kommt auch Sonne,
alles hat so seine Zeit.
Nimm das Weh und auch die Wonne,
und sei alle Zeit bereit.

Sturm gibt Kraft, und Licht gibt Hoffnung.
Ohne beides ist kein Sein.
Zeigt der Himmel dir die Öffnung,
ist ein schweres Schicksal klein.

Alle Dinge hier auf Erden,
alle Lieder dieser Welt
können eine Brücke werden,
die uns fest zusammenhält!

Allein

Durch die Straßen geht ein Mensch.
Es ist einer von Millionen.
Links und rechts das Häusermeer,
wo die andern wohnen.
Kennst du ihn? Er kennt dich nicht;
jeder steckt sich eigne Ziele.
Ist vielleicht ein armer Wicht,
der da hofft wie viele.

Durch die Straßen geht ein Mensch,
sieht die Läden und Fassaden.
Buntes Treiben überall;
soll er in der Menge baden?
Wie ein Tropfen fühlt er sich,
anonym im Strom des Flusses.
Er kennt weder dich noch mich.
„Leb!" denkt er. „Man muß es!"

Durch die Straßen geht ein Mensch.
Sieht die Lichter und doch keines.
Wie im Nebel schreitet er.
Mitmensch, oh, bewein es!
Manchmal hätt' ein Lächeln schon
seine Zuversicht beflügelt;
manchmal hätt' ein freundlich Wort
seine Angst gezügelt.

Durch die Straßen *ging* ein Mensch.
War wohl einer von so vielen.
Unbeachtet, ungesehen
träumte er von neuen Zielen.
Puls der Zeit, was treibt dich fort?!
Menschlichkeit verkümmert!
Oft hätt' schon ein freundlich Wort
neues Glück gezimmert!

Das Wörtchen Leben

Was du auch tust, was du auch fragst,
wenn du bestehst, wenn du versagst,

wie dir auch ist, wie's dir auch scheint,
ob es verdreht, ob es sich reimt,

hast du Verlust, hast du mal Glück,
zeigt der Erfolg sich Stück für Stück,

erlebst du Freundschaft, wahre Liebe,
bringt dir viel Leid das Weltgetriebe,

mußt du erkämpfen manche Sachen,
mußt gramgebeugt dir Kummer machen,

kommt eitel Freude dir ins Haus,
nimmt man wie eine Gans dich aus,

zeigt dir der Himmel seinen Segen,
kann dich der Musen Ton bewegen,

bist du voll Hoffnung in der Not,
erwartest du einmal den Tod:

In allen Dingen, hoch und eben,
steckt voller Sinn das Wörtchen LEBEN.

Ein Menschenleben – es währt unterschiedlich lange, und es ist angefüllt mit Erlebnissen, Begegnungen, Erfahrungen, Schicksalen. Man bewahrt sie in seinem Herzen und ruft sie ab, wenn einem mal danach ist. Man zehrt von freudigen Ereignissen, um sich immer wieder aufzubauen; man setzt sich Ziele und Hoffnungen, um deren Erfüllung man ständig bangt, läßt Humorvolles und Leidvolles Revue passieren, um sich dann eines Tages zu fragen: „Wo stehst du nun? Wo war oder ist dein Platz auf der Bühne des Lebens?“

Das Leben – ein Welttheater!

Da gibt es Possen und Dramen, Komödien und Trauerspiele,
Krieg und Frieden, Neider und Gelächter, Liebe und Leid,
Weinen und Lachen, Glückseligkeit und Hoffnungsszenen,
Anerkennung und Intrigen, menschliche Größe und Falschheiten,
Träume und Erinnerungen, Pannen, Wünsche und Weichenstellungen,
Humor und Nachdenkliches, Romantik und Freudvolles,
Mahnungen und Ehrungen, Anfänge und Endstationen, weltweit!

Das Leben ist ein Welttheater

Das Leben ist ein Welttheater.
Oft stehn wir mittendrin im Spiel.
Doch manchmal sitzen wir daneben
und jubeln oder lästern viel.

So sieht man Possen jede Menge,
erlebt Komödien und auch Dramen.
Manch Trauerspiel begleitet uns
und gibt der Tragik einen Rahmen.

Da heißt es oft: „Lache, Bajazzo!
Vergiß, wie dir ums Herze ist,
weil du umsonst gehofft im Leben
und falscher Freunde Spielball bist!"

Bist du gefragt, sei unverzagt!
Für stete Mühe kommt auch Lohn!
Was du mit Herz und Hand vergoldest,
das hebt dich auf des Volkes Thron!

Das Leben ist ein Welttheater.
Sein Bühnenbild uns auch erhellt.
So wünsch' ich uns mehr Licht als Schatten,
bis unser letzter Vorhang fällt.

Geborgenheit und Glück

Das größte Glück auf dieser Welt
ist alles, was mein Herz erhellt;
wenn eine Handvoll Menschlichkeit
des Erdenlebens Leid vertreibt;
wenn Stunden trister Einsamkeit
sich wandeln in Gemeinsamkeit!

Oft ist es schon ein Wort, ein Satz,
der unserm Leben gibt den Platz,
den man nach bangen Lebenstagen
so heiß ersehnt hat voller Fragen.

Wenn Glaube, Liebe, Hoffnung zählt,
kein Angstgefühl die Seele quält,
wenn eine Hand die andre nimmt,
Geborgenheit und Glück beginnt!

Herzenssache

Wenn stets das Herz im Leben spricht,
wird alles Tun zum Goldgewicht.
Die Menschlichkeit hat Hochsaison,
und Argwohn findet kein Pardon.

Wenn stets das Herz im Leben spricht,
verliert die Täuschung ihr Gesicht.
Ein Blumenmeer ziert unsre Seele,
auf daß es nicht an Zuspruch fehle.

Wenn stets das Herz im Leben spricht,
dann gibt es auch kein Streitgericht.
Und jedermann fühlt sich verstanden,
weil Frieden herrscht in allen Landen.

Lebensmerkmale

Manchmal ist das Leben kotzig.
Keiner sieht, wie man sich müht.
Ist man ehrlich, zeigt sich trotzig,
heißt es: „Der ist abgebrüht!"

Manchmal ist das Leben irre.
Keiner merkt, was so geschieht.
Und die Hektik macht uns kirre,
Ignoranz, wohin man sieht.

Manchmal ist das Leben schön.
Keiner murrt, ist unbequem.
Niemand lästert mit Getön,
jedermann ist angenehm.

Manchmal ist das Leben friedlich.
Keiner bangt, man atmet auf.
Doch das ist sehr unterschiedlich
und des Menschen Lebenslauf.

Einmal wird das Leben still,
alle Last von dir genommen.
Und du mußt, weil Gott es will,
auch mit dir ins reine kommen.

Bajazzo sein …

Bajazzo sein im Welttheater –
welch Doppelspiel in Dur und Moll!
Zum einen wie ein Frohsinnsvater,
zum anderen des Leides voll!

Bajazzo sein auf dieser Bühne
heißt lachen und auch traurig sein.
Im Spiel des Lebens wie ein Hüne
und voller Sanftmut ewig dein.

Lernprozeß

Hast du gelernt zu weinen,
vertraue auf die Zeit.
Die Wunden werden heilen,
hältst auch ein Lächeln du bereit.

Hast du gelernt zu lachen,
so tu's mit Herz und Seele!
Sei dankbar diesem Schicksalslauf
und, wie es kam, erzähle!

Hast du gelernt zu teilen,
so bist du reich auf Erden.
Zufriedenheit wird bei dir weilen
und echtes Glück dein eigen werden.

Das Glück wohnt in der Seele

Das Glück wohnt in der Seele
und nicht in Geld und Glitzerkram.
Und sei's, daß manches fehle,
ein tröstend Wort, das hält uns warm.

Das Glück wohnt auch im Herzen
und schürt das Lebenslicht.
Man kann soviel verschmerzen,
die Hand, die hilft, vergißt man nicht!

Das Glück hat viele Stimmen;
die leiseste erscheint mir recht,
denn lautes Labern mag zwar trimmen,
doch starke Leute klingen schlecht!

Träume sterben nicht!

Voll Hoffnung stehst du hier im Leben,
und es bewegt sich mancherlei;
doch selten naht des Glückes Segen
und reißt dich aus dem Einerlei.
Laß dennoch die Gedanken kreisen,
denn sie sind frei, sind nicht Verzicht!
Will Hoffnung dir auch mal vereisen,
bedenke: Träume sterben nicht!

Stets ist im großen Weltgetriebe
der Wunsch des Menschen wach und hell;
doch gleicht die Wirklichkeit dem Siebe,
eh' du begreifst, verrinnt sie schnell.
Behalte dennoch stets dein Wollen
und sieh am Firmament das Licht!
Droht auch dem Wunschbild manches Grollen,
bedenke: Träume sterben nicht!

Weichen

Der Mensch im Leben ist nicht Ware,
und Fröhlichkeit ist Herzenssache.
Die Seelenruh' kennt nur das Wahre;
dies zu bewahr'n ist Menschensache!

Die Summe unsrer Erdenjahre
bringt Weisheit oft und manchen Rat.
Im Sonnenlicht erstrahlt das Klare,
und was wir lernten, zeigt die Tat!

Am Ende aller Mühn und Wege
steht oft ein großes Fragezeichen,
und du erkennst im Weltgehege:
Auch diese Erde hatte Weichen!

Die Schnelligkeit des Lebens

Wie läuft so schnell doch unsre Zeit!
Grad warst du Kind und nun schon mündig!
Und eh' du alles recht verdaut,
kommst du zu Jahren, kurz und bündig!

Man denke nach: Einst auf dem Schoß
saß voller Glück dein erstes Kind.
Dann eilt die Zeit! Du stehst daneben,
weil Lebenslauf wie Sand zerrinnt.

Wie läuft so schnell doch unsre Zeit!
Man holt trotz Hektik sie nicht ein!
Sich in Geduld und Fassung üben,
das möge unsre Losung sein!

Zähl nicht die vielen trüben Tage,
die dir im Herzen oft verblieben!
Denk an die schönen, goldnen Stunden,
die dich im Leben vorwärtstrieben!

Leben heißt …

Leben heißt kämpfen, Eigenlob dämpfen,
mutig beginnen, sich redlich besinnen.

Leben heißt Leiden und oft genug scheiden,
vergeblich sich schinden und hoffend sich finden.

Leben heißt hoffen, alles bleibt offen;
manchmal auch träumen und manches versäumen.

Leben heißt lieben. Wo wär'n wir geblieben,
wenn sich nicht Menschen die Hände reichen
und sie nur Gleiches mit Gleichem vergleichen?!

Das Gold der Welt

Es jagt die Welt nach Geld und Gut,
sie tut's aus Neid oft und aus Wut;
sie nimmt sich ungeheuer wichtig,
dabei ist alles null und nichtig,
sieht man die innren Werte an.

Es glänzt soviel in unserm Leben,
und man will hoch und höher streben;
es glitzert und es strahlt so hell,
und doch – es fehlt ein Lebensquell:
die Freude, anderen zu helfen!

So gilt als wahrer Edelstein,
die Gabe, sich zuletzt zu nennen;
nur wenn dein Herz noch nicht aus Stein,
erhebst du dich zu hellem Schein.
Das Gold der Welt ist Teilbarkeit!

Unergründlich

Der Mensch, wie ist er unergründlich!
Die Seele treibt ihn täglich, stündlich
durch ein Gewirr von Licht und Schatten.
Sie drückt ihn hoch und auf die Matten.

Ein Ozean sind die Gefühle,
und drüber manche Stürme ziehn.
Es steht der Mensch im Weltgewühle,
und schwerlich ist es, zu entfliehn.

Der Mensch, wie ist er unergründlich!
Gibt fordernd sich und auch mal friedlich,
wenn ihm ein Ziel vor Augen schaukelt,
das ihm die Menschheit vorgegaukelt!

Die Wende

Die Tage fliehn, die Jahre eilen,
und abseits muß man oft verweilen.
Man hofft auf Glück und tut sich plagen;
wie oft auch will man schier verzagen!

Und dennoch! Eine Stunde mahnt:
„Das Schicksal hat es so geplant!“
Und man versucht mit allen Sinnen,
erneut sein Leben zu beginnen.

Und plötzlich ist da eine Hand,
füllt deinen Becher bis zum Rand!
Die Hilfen, die du einst gegeben,
sind nun bei dir und deinem Leben!

Auf allen Wegen blühen Rosen,
auch wenn noch Stürme dich umtosen.
Der Weg der Hoffnung führt nach oben.
Es loben die, die dich einst schoben.

Und blüht das Glück dir dann am Ende,
dann denk zurück und falt die Hände.
Der Weg aus Dunkelheit zum Licht
ist lehrreich; Herz, vergiß es nicht!

Offen gesagt

Da streiten sich die Leut' herum
um Winzigkeiten und auch mehr.
Es sucht der Kläger voller Wut
nach Argumenten ringsumher.

Vergessen sind manch gute Sitten,
von Freundlichkeiten keine Spur.
Mit List und Tücke aufzuwarten,
das bringt doch Haß und Ärger nur!

Da bleibt nichts mehr vom Miteinander.
O Einsicht, wie bist du so weit!
Und der Verstand liegt oft am Boden.
Was ist das bloß für eine Zeit!

Entschuldigung ist eine Tugend,
führt aus der Einbahnstraße raus!
Drum seht die Chance eures Lebens,
denn sonst ist bald der Ofen aus!

Zum Nachdenken

Ein jeder lebt in seiner Welt,
zu der er steht, die ihm gefällt,
die er voll Hoffnung sich bereitet,
wohin ihn mancher Traum begleitet.

Und diese kleine, große Welt,
die uns so oft gefangenhält,
sie läßt uns sein, was wir ersehnen,
und lädt uns ein, sich anzulehnen.

Wie groß bist du doch, weite Welt!
Und wie so klein ist unsre eigne!
Die Wirklichkeit betäubt das Träumen,
läßt manchen Lichtblick uns versäumen.

So eilen wir von Traum zu Wahrheit
und suchen unsres Lebens Klarheit;
sind aller Dinge Herr und Knecht,
denn nur die Schöpfung sieht es recht.

Fremde brauchen Freunde

Fremde brauchen Freunde,
sind ja auch ein Stück der Welt!
Fremde brauchen Freunde,
weil nur Menschlichkeit uns hält!

Freunde sind nicht Fremde,
sondern Menschen, die verstehn!
Freunde sind nicht Fremde,
wollen miteinander gehn!

Menschen sind ein Teil des Lebens.
Was sie tun, kann Brücken bau'n!
Alle Mühen wär'n vergebens,
setzt man Feindschaft vor Vertrau'n!

Auf der Bühne dieses Lebens
möge siegen der Verstand!
Die Signale dieses Bebens
retten Erd' und Vaterland!

Stimmt, ihr Chöre, jubelnd ein,
voller Stolz und wohlgemut!
Freundeshand soll ewig sein!
Edel sei der Mensch und gut!

Wünsche

Ich wünscht', ich wär' ein Zirkusclown!
Dann könnt' ich auf die Pauke hau'n!
Dem Hochmut ging' es an den Kragen,
würd' er sich auf die Straße wagen!

Ich wollt', ich wär' ein Prediger!
Und wenn die Welt voll Teufel wär',
so würd' ich's dennoch laut verkünden:
„Nur Gottes Allmacht kann uns binden!"

Ich wär' auch gern ein Pianist!
Dann würd' ich zeigen, wie es ist,
wenn laut und leise sich verbinden
und Umgangstöne Gleichklang finden!

Ich möcht' auch gern im Vorstand sein,
würd' anerkennen, echt und rein,
mit lauter Stimme jene loben,
die selbstlos für das Gute toben!

Ich wollt', ich wär' und wär' und wär'
so vieles und noch manches mehr!
Doch bin ich Mensch nur unter vielen
und kann nur weise ratend zielen.

Was meine Umwelt draus gemacht,
hat Gutes und auch Wut entfacht.
Wer stört mit Überheblichkeit,
dem droht des Geistes Einsamkeit!

O selig, ein Kind noch zu sein!

Da steht man im Leben und kämpft seinen Kampf.
Mal zeigt sich Fortuna, und mal ist es Krampf.
Da bastelt man ständig an gutem Gelingen,
und wenn man versagt, wird ein Schicksal uns zwingen.
Doch mit Hoffnung im Herzen
renkt manches sich ein.
O selig, so selig,
ein Kind noch zu sein!

Da streiten die Leute ums Gelbe vom Ei.
Gemeinsamkeiten brechen entzwei.
Verstand ist gefordert, Verständnis und Weitsicht!
Ein Leben in Frieden erfordert viel Einsicht!
Doch mit Hoffnung im Herzen
renkt manches sich ein.
O selig, o selig,
ein Kind noch zu sein!

Da hat man vor Jahren die Kindheit durchlebt,
umsorgt und behütet das Gute erstrebt.
Das Elternhaus war wie ein Leuchtturm zur Nacht;
erst später hat's Leben die Stürme gebracht.
Doch mit Hoffnung im Herzen
renkt manches sich ein.
O selig, o selig,
ein Kind noch zu sein!

Einst war ich fröhlicher

„Wie ging's dir so in deinem Leben?"
Das fragte ich der Menschen viel.
Fast jeder mochte Antwort geben
und sprach bewegt von Start und Ziel.
Man sprach vom Glück der Jugendjahre
und einem schicksalhaften Weg,
der Ernte vieler Lebensjahre
und einem Rest auf schmalem Steg.

Als Fazit allen bunten Treibens bekennt der Mensch, wird ehrlicher;
er nennt die Folgen des Zerreibens und sagt: „Einst war ich fröhlicher!"

Auch ich bin da nicht ausgenommen.
Mal ging es gut und mal daneben.
Und hatte man sich freigeschwommen,
da wollt' das Glück erneut entschweben.
Bin ausgezogen frisch und frei,
um diese Welt hier zu umarmen.
Das Schicksal, oft auch schwer wie Blei,
tat alles, um mich zu umgarnen.

Das Fazit allen bunten Treibens: Ja älter, je beschwerlicher.
Man spürt die Folgen des Zerreibens und sagt: „Einst war ich fröhlicher!"

So geht mit hoffnungsschweren Schritten
ein jeglicher die Lebensbahn.
Oft müht man sich, das Glück zu kitten,
und merkt, der Zug ist abgefahrn.
Man nimmt es hin und paßt sich an,
aus Not wird oftmals eine Tugend;
wohl dem, der das verkraften kann,
dem lange blieb ein Hauch der Jugend!

Das Fazit allen bunten Treibens macht Hoffnung zwar begehrlicher,
doch steht als Folge des Zerreibens der Satz: „Einst war ich fröhlicher!"

Es wiederholt sich alles!

Zu allen Zeiten gab es Streit.
Und oft war's nur aus purem Neid.
Es zieht ein jeder seine Kreise,
der eine laut, der andre leise.
Und wenn's dem einen nicht gefällt,
der andre feiert sich als Held.
Bedenk im Falle eines Falles:
Es wiederholt sich alles!

Zu allen Zeiten hat auch Liebe
des Menschen Herz besucht, bewohnt.
Dann kamen oft des Lebens Hiebe
und haben manches Glück entthront.
Bedenkt man dann die Sache recht
und prüft im Falle eines Falles,
dann sei das Urteil nicht zu schlecht:
Es wiederholt sich alles!

Zu allen Zeiten gibt es Krisen,
die uns das Leben arg vermiesen.
Schnell schreckt man hoch aus seinen Träumen,
es kommt die Angst, was zu versäumen;
man meint, nichts habe mehr Bestand,
nicht mal dem Freund gibt man die Hand.
Bedenk im Falle eines Falles:
Es wiederholt sich alles!

Zu allen Zeiten haben Sorgen
das Leben gar nicht leicht gemacht,
doch hat nach wolkenschwerem Morgen
uns auch das Glück dann angelacht.
Drum schau auf die vier Jahreszeiten
im Falle eines Falles.
Das Licht und auch die Dunkelheiten:
Es wiederholt sich alles!

Über eines Menschen Wünsche an das Leben

Verlieren? Bitte nichts und nie!
Gewinnen? Jederzeit, und wie!
Mit Sorgen voll beladen sein,
das ist nicht gut und gar nicht fein!

Gesundheit bis ins hohe Alter
und möglichst einen Hausverwalter.
Das Recht auf seiner Seite haben,
natürlich einen flotten Wagen!

Bestückt mit Lob und mancher Ehrung
und dann solvent in guter Währung.
Viel Urlaub, Freude, Zeitvertreib,
auch schicke Kleidung auf dem Leib.

Stets gern gesehen und umworben,
ein gutes Essen, unverdorben.
Auf alle Fragen Antwort haben,
am Glück der Welt sich liebend laben.

NACH AUSSEN ALSO SAUS UND BRAUS!
NUR – INNEN SIEHT ES DÜSTER AUS!

Und deshalb, lieber Gott dort droben,
auch im Verlieren will ich loben!
Und mein Gebet, es schließt mit ein,
es mög' auch Leid im Leben sein.

Nur wer aus Dunkelheit zum Licht
sich vorwärts mühet Schicht um Schicht,
der hat gelernt, was Leben heißt
und wie man seinen Schöpfer preist!

So können Wünsche an das Leben
nur wie die Seifenblasen schweben;
zerplatzen sie, weil zuviel Wind,
war Dankbarkeit ein Waisenkind.

Nicht alles muß man ständig haben!
Seid dankbar auch für kleine Gaben!
Sonst frißt die Gier euch langsam auf,
und nagt an eurem Lebenslauf!

Danken

DANKE ist ein schweres Wort,
pflanzt sich nie von selber fort,
immer muß man was für tun,
niemals auf den Lorbeern ruhn.

Täglich hat man zu entscheiden:
Soll man sich allein beneiden?
Sind's die andern nicht gewesen,
die am Gabentisch genesen?

Alles ist so schwierig dann,
geht man an die Sache ran.
Hilf mir, Gott, daß ich erkenne
und das Kind beim Namen nenne:

Danken können – eine Gnade.
Helfen wollen – stete Pflicht!
Freude spenden bis zum Grabe.
Danken können heißt Verzicht.

Gibst du andern, darfst du nehmen,
innerlich zur Ruhe gehn.
Brauchst dich nie der Tränen schämen,
Glück und Unglück, sie vergehn!

Mußt du leiden, bringt's Erfahrung;
hast du Glück, vergiß es nicht!
Nimm es beides in Verwahrung.
Ohne DANKEN geht es nicht!

Na und?

Wer kennt nicht all die kleinen Sorgen,
die uns so oft den Tag verdrehn!
Wer kennt nicht jenen trüben Morgen,
an dem wir völlig ratlos stehn!
Dann laß den Kopf nicht lange hängen!
Denk positiv und nicht in Zwängen!
Es gibt für Schwermut keinen Grund!
Geht's einmal schief, dann sag: „Na und?"

Wo gibt es schon nur reine Freuden?!
Wo blüht schon Glück ein Leben lang?!
Man sollte Tränen nicht vergeuden,
macht uns das Schicksal auch mal bang!
Kein Mensch hat nur den Sieg gepachtet!
Mal wird gelobt er, mal verachtet!
Es gibt für Schwermut keinen Grund!
Geht's einmal schief, dann sag: „Na und?"

Was nützt es schon, sich zu entrüsten?!
Was hilft es, wenn man sich verkriecht?!
Wie sehr die Gegner sich auch brüsten
und es nach Neid und Mißgunst riecht:
Nimm dein Geschick in beide Hände!
Erzwing mit gutem Mut die Wende!
Es gibt für Schwermut keinen Grund!
Geht's einmal schief, dann sag: „Na und?"

VIII

Älterwerden, Einsamkeit, Hoffnungsvielfalt

Allein im Leben stehen, Einsamkeit verspüren, das ist eine große Herausforderung, aber auch Grund genug, sich des Wörtchens DENNOCH zu erinnern!

Älter werden –
wie gut, daß keiner von uns davon ausgenommen ist!
Wie schön, wenn wertvolle Erinnerungen den Lebensabend verschönen!
Wie edel und richtig ist es, wenn Ehrfurcht vor dem Alter seinen festen Platz in unserer Gesellschaft hat!
Wie haltgebend ist doch Hoffnung!

Bei Vorträgen und Lesungen erlebt man immer wieder ein sehr dankbares Publikum, wenn Dinge lebensnah und von durchaus allgemeinem Interesse Erwähnung finden. Und es sind nicht nur ältere Menschen, die bei lebensnaher Lyrik und bei erlebten Erzählungen dankbare Zuhörer sind.

Rat, Trost, Zuversicht und Hoffnungsvielfalt kann man bei richtiger Themenwahl vermitteln, und mancher Händedruck nach vorgetragener Lyrik, die das Leben schrieb, war und ist stets der schönste Lohn, den man sich wünschen kann.

Brücken bauen, Lebensmut geben, Gemeinsamkeiten fördern und Hoffnungen aufzeigen, der Menschlichkeit die Tore öffnen, wer wollte sich das verschließen!?

In den nachfolgenden Gedichten in diesem Kapitel erkennt man sicherlich, was gemeint ist.

Ein Strauß Hoffnung ist wie ein Glas Wasser in der Wüste.
Mit beiden Händen, mit seiner ganzen Seele umklammert man des Lebens wahre Wichtigkeiten.
Und ein großes Goldstück ist das tröstende Wort.
Gemeinsamkeiten, Liebe, Geborgenheit, Gleichklang der Gedanken, das ist Harmonie des Lebens.
Ein Strauß Hoffnung, gegeben als Zeichen des Miteinanders und des Verstehens, ist fürwahr ein Gottesgeschenk!

Ehrfurcht vor dem Alter

Es gibt ein Lied – ich hab's gehört –
von Ehrfurcht vor dem Alter,
von Menschen mit den weißen Haaren,
von Freud und Leid in allen Jahren
und was ein liebend Herz bewirkt.

Wohin uns auch das Leben treibt
auf dieser runden Erde,
ist Älterwerden im Gepäck,
und ganz da drinnen im Versteck
trägt die Erfahrung Knospen.

So sei das Altern uns vertraut
als Ziel, das uns erwartet.
Erst säen wir, dann ernten wir;
die Liebe sei des Menschen Zier
und Ehrfurcht vor dem Alter!

Hoffnungsstärke

Ich habe gehofft ein Leben lang.
Ich hoffte,
und deshalb hatte ich stets ein Ziel
und Zuversicht.

Ich durfte hoffen,
denn ich war willens,
an die Zukunft zu glauben.
Ich kann hoffen,
und mit dieser Begleitung bin ich stark.

Ich hoffe, weil ich lebe.
Ich werde hoffen
bis zum Jüngsten Tag.

Hoffnungsvielfalt

Und ewig hofft der Mensch auf Erden;
ob jung, ob alt, sie tun es alle.
Dem einen reicht Gesundheit aus,
der andre stöhnt bei voller Halle.

Die Hoffnung ist, sieht man es recht,
des Menschen Adel und auch Knecht.
Nicht alles, was man dringend will,
macht manchen Menschen dankbar still.

Bescheidenheit bei Wunsch und Hoffen,
das läßt man gelten, kann's verstehn;
doch hat das Maul man zu weit offen,
kann uns das Leben mal vergehn!

Mit Geld ist vieles nicht zu machen.
Da gibt es Dinge und auch Sachen,
die reifen langsam, wie das Korn,
da hilft kein Stöhnen und kein Zorn!

WER HOFFNUNG HAT, EGAL WIEVIEL,
ERREICHT AM ENDE AUCH SEIN ZIEL!

Durchwachte Nacht

Durchwachte Nacht, wer kennt sie nicht?
Der Hoffnung Macht, sie bringt das Licht.
Die zähen Stunden voller Qual
und ein Gebet zum Sternensaal.
Das bange Warten, tränenreich,
des Schicksals Karten, dornengleich.
Des Trostes Hand als Helfer hier
zeigt dir und mir der Hoffnung Tür.
Durchwachte Nacht, wer kennt sie nicht?
Der Hoffnung Macht, sie bringt das Licht.

Hoffnung als Lebenspaß

Dies ist mein Ernst, obwohl gedichtet,
es sei hier allen frei berichtet:
Die Stunde der Besinnlichkeit,
es gibt sie und ist Wirklichkeit!

Mit Versen für die Seelenwunde
bringst du dem Innersten die Kunde,
daß es sich lohnt, sich zu versöhnen
und keinem Kummer mehr zu frönen!

Wo man bedrängt sich fühlt im Leben,
wird Hoffnung eine Brücke legen;
sie ist, mit Blick auf dies und das,
uns allzeit echter Lebenspaß!

Täglicher Zugewinn

Jeden Tag und jede Stunde
ist der Himmel klar und blau!
Auch wenn Wolken ihn verstecken,
ist er da, und darauf bau!

Jeden Tag und jede Stunde
zieht ein Schicksal seine Bahn.
Sieh den Weg der guten Hoffnung
und vertrau dem Lebensplan!

Jeden Tag und jede Stunde
hat das Leben einen Sinn,
lehrt uns alles zu ertragen,
bringt Erfahrung Zugewinn!

Die Uhr des Lebens

Als kleines Kind, da muß man lernen
des Zeigers Lauf, des Zeigers Sinn.
Als junger Mensch greift man zu Sternen,
zu langsam läuft der Zeiger drin!

Und was erreicht ist, möcht' man halten;
das Glück, die Liebe, Sonnenschein.
Doch aus läßt sich die Uhr nicht schalten,
läuft unbestechlich von allein.

So eilt die Zeit uns schnell von dannen,
nichts auf der Welt steht gänzlich still.
Der Zeitfluß ist durch nichts zu bannen,
da kann man machen, was man will.

Das Alter naht, man wünscht mit Hoffen,
die Zeiger mögen langsam gehn.
Das Tor der Zeit jedoch bleibt offen,
und wir versuchen zu verstehn.

In Goslar/Harz, 1998, wurde dieses Foto geschossen.
Und die Uhr läuft und läuft ...

Nie alt, nur älter!

„Alt werden wir nicht, nur älter!“,
so sagte ein Mensch mir ganz weise.
„Und wird auch das Herz etwas kälter,
man lebt und zieht brav seine Kreise!

Nur eines beachte im Leben,
und sei's auch mit zitterndem Knie:
Wenngleich du von Stürmen umgeben,
das Luftholen, das vergiß nie!“

Ich habe es gerne versprochen,
denn so vieles ist ja zu tun!
Drum hab' ich mich niemals verkrochen
und will auch in Zukunft nicht ruhn!

„Wer rastet, der rostet!“, so heißt es.
Das Leben hält auf seine Hand.
Und Geben und Nehmen – du weißt es –
füllt glückvoll das Herz bis zum Rand.

Sei getreu bis in den Tod

Sei getreu bis in den Tod.
Bleibe Mensch auch in der Not.
Laß dein Herz vor allem sprechen.
Nichts ist übers Knie zu brechen.

Bring der Seele hellen Schein.
Laß die Hoffnung mit hinein.
Nimm den Stürmen der Gefühle
ihre Kraft im Weltgewühle.

Sei beherrscht und hab Vertrauen.
Neues Glück, es läßt sich bauen!
Sei getreu bis in den Tod.
Bleibe Mensch auch in der Not.

Nimm seine Hand

Es hat so mancher Mensch zu tragen
ein Schicksal, das ihn niederdrückt.
So schwankt er zwischen tausend Fragen
und hofft, daß Freude ihn beglückt.

Nach außen nur ein müdes Lächeln,
im Innersten der Sorgen Last.
Er kennt der Hektik wildes Hecheln
und sucht doch selbst den Platz der Rast.

Nimm seine Hand, wenn du ihn sichtest,
gib solchem Menschen etwas Kraft!
Erzähl, wonach du selbst dich richtest
und was auch dir einst Mut verschafft.

Es hofft der Mensch in allen Lagen,
sucht Wärme und Geborgenheit.
Und bleiben auch die tausend Fragen,
wird helfen die Gemeinsamkeit!

Seelische Stärkung

Und tönt auch ans Ohr manche Schimpftirade
und wünscht man dich manchmal noch kleiner als klein,
so geh du mit Gott, vertrau seiner Gnade.
Wo die Seele sich labet, ist der Mensch nicht allein.

Und wenn du wohl meinst, es sei alles vergebens
und Undank regiere die Herzen der Welt,
dann falte die Hände, such Kraft in der Stille,
und spüre die Hand, die noch immer dich hält.

Und hast du dich redlich bemüht im Leben,
hast geschuftet, geracktert von morgens bis spät,
dann hast du getreulich dein Bestes gegeben.
Und der Himmel segnet dein stilles Gebet.

Die Einsamkeit des Kreises

Vom Schicksal verweht und fremd in der Fremde,
so führt mancher Weg in die Einsamkeit.
Es scheren die Leute sich nicht um die Folgen;
sie wollen ihr eigenes Ich meist vergolden
und streben vorbei an den Zeichen der Zeit.

Kein Funken der Weisheit begegnet den Menschen,
die einsam sich oft nur im Kreise drehn.
Und brechen sie aus, erheben die Stimme,
dann weist man zurück sie, verwirrt ihre Sinne
und läßt manche Hoffnung im Winde verwehn.

Das Leben ein Kreis? Wo streben wir hin,
wenn alles sich ziellos im Kreise nur dreht?!
Geht zu aufeinander, dann zündet der Funken,
hat auf gemeinsame Wege gewunken,
und der Kreis wird zur Straße, die man begeht!

Die Hand des anderen

Es sitzt ein Mensch, als wär's ein Zecher,
versunken vor dem leeren Becher.
Er trank ihn leer, schaut still hinein
und denkt: „Soll das denn alles sein?"

Er meint sein Leben und vergleicht es,
denkt sorgenvoll: „Dies hier beweist es!
Gelebt, gekämpft, sich eingesetzt
und in der Seele arg zerfetzt!"

Und ihm zur Seite trat ein andrer,
kaum war es mehr als nur ein Wandrer;
der legt die Hand auf seinen Arm,
macht damit ihm das Herz so warm.

„Wir alle, lieber Mensch der Erde,
sind Weggefährten; die Gebärde,
die dir in deinem Antlitz steht,
hat alle Weichheit fortgeweht.

Doch glaub mir, du bist nicht allein!
Laß diesen Vers stets bei dir sein:
BEVOR DIE GANZE WELT ZERBRICHT,
ERST NOCH EIN HERRGOTT ‚AMEN' SPRICHT!"

Einsamkeit

Einsamkeit ist eine Plage.
Mühsam zählt man seine Tage,
zehrt von den Erinnerungen,
als das Glück noch nicht zersprungen.

Endlos ist die Grübelei
und des Tages Einerlei.
Alles, was uns mal beglückt,
ist so fern und so entrückt.

Tief im Herzen nagt die Wunde,
manche Träne füllt die Stunde.
Fort ist jede Heiterkeit,
weil man fühlt die Einsamkeit.

DENNOCH heißt das Losungswort!
Damit spült man vieles fort!
Nimm dein Schicksal in die Hände!
Lebensmut erzwingt die Wende!

Schau dich um! Es lohnt zu leben
und die Dinge zu bewegen!
Und so manche Einsamkeit
endet in Gemeinsamkeit.

Wenn die Seele Trauer trägt

Ich werde sie nicht zeigen – denen,
die vielleicht schon darauf warten!
Ich werde sie nicht zeigen, meine Tränen!
Ich werde lächeln,
kostet's auch des Herzens letzte Kraft!
Ich werde weinen in der Stille
und schäme mich der Tränen nicht.

Hab' mich bemüht nach besten Kräften,
hab' oft bereut und viel vergeben.
Hab' lang getragen manche Last
und hab' gehofft auf eine Hand,
die auf den Arm sich legt.

Jedoch die Hektik dieser Zeit verteilt Zensuren,
egoistisch, wie sie ist,
und meint zu ernten,
wenn ihr Maul am größten ist,
und wagt zu danken,
wenn ihr alles in den Schoß gefallen!

Ich werde sie nicht zeigen – denen,
die vielleicht schon darauf warten!
Ich werde sie nicht zeigen, meine Tränen!
Ich werde lächeln,
kostet's auch des Herzens letzte Kraft!
Ich werde weinen in der Stille
und schäme mich der Tränen nicht.

Trost eines Irdischen

Umfange mich, Nacht!
So sieht man meine feuchten Augen nicht.
Umfange mich, Nacht!
So verschwindet gequältes Lächeln,
und es tröstet ein Sternenlicht.

Umfange mich, Stille!
So wird das sich sorgende Herz
den Gram des Tages überwinden.
Umfange mich, Stille!
So kann aus der Seele die Not entschwinden.

Umfange mich, Trost!
So will ich kraftvoll den neuen Tag begegnen.
Umfange mich, Trost!
So will ich preisen das Licht und den Schatten,
denn beide sind aus des Schöpfers Hand!

Gottvertrauen

Geht's im Leben mal daneben,
will die Hand dir keiner geben,
hast du Feinde hier und dort,
driftest du von Ort zu Ort,
hat ein Schicksal hart getroffen,
läßt fast keine Tür dir offen,
steht auf Sturm des Lebens Pegel,
sind zerschlissen alle Segel,
treibt man dich in viele Engen,
droht mit unheilvollen Zwängen,
hast du kaum noch eine Wahl
hier in diesem Jammertal –

bleibe ruhig, still und fest.
Es bleibt immer noch ein Rest,
um der Dinge Herr zu werden
und zu zeigen hier auf Erden,
daß ein Glück wohl oft zerbricht,
aber Gottes Liebe nicht!

Welcher Mensch …

Welcher Mensch ist frei von Sorgen?!
Wer ist voller Lebensglück?!
Wer hat niemals Angst vor morgen?!
Wer müht brav sich Stück für Stück?!

Welcher Mensch zeigt Offenheit?!
Wer gibt Kraft der Seelennot?!
Wer kämpft für Gemeinsamkeit?!
Wer zeigt uns das sichre Boot?!

Welcher Mensch ist innen reich?!
Wer bringt ein mehr Herzlichkeit?!
Wer baut gegen Not den Deich?!
Wer bezwingt die Einsamkeit?!

Welcher Mensch sucht nicht den Weg,
der da führt zum sichren Ort?!
Wer ihn findet, diesen Steg,
preise seines Schöpfers Wort!

Alles fängt von vorne an

Um dem Alltag zu entrücken,
bau dir selbst mal goldne Brücken!
Lach dem Schicksal ins Gesicht!
Ohne Wollen geht es nicht!

Wenn dein Los dir trist erscheint,
sei nicht gleich dein eigner Feind!
Irgendwann in deinem Leben
wird es wieder glatt und eben!

Einsamkeit – ein hoher Preis,
ob du jünger oder Greis;
doch die Weltenuhr läuft weiter,
macht uns zornig, macht uns heiter.

Ewig währt des Lebens Kreislauf,
mal Parade, manchmal Eislauf;
alles fängt von vorne an:
Sorgen, Glück und jedermann!

Komm, Hoffnung!

Komm, Hoffnung, süßer Lebenshauch,
durchfließe die Gedanken!
O welche Lust, welch Freude auch,
wenn Hoffnungsblüten ranken!

Komm, Hoffnung, du mein Lebensbaum,
durchziehe Herz und Sinnen!
Sei Trost mir über Zeit und Raum,
und schenk ein froh Beginnen!

Komm, Hoffnung, Freund des Lebens hier,
durchwebe alle Wege!
Sei Helfer mir und Schutz und Zier
auf jedem meiner Stege!

Komm, Hoffnung, du mein Lebenslicht,
durchdringe dunkle Zeiten!
Sei meiner Tage heller Schein,
sollst leuchtend mich begleiten!

IX

Trost und Besinnlichkeit

sowie eine Dichterpredigt …

Hilfsbereitschaft ist das Schlüsselwort in einer Zeit voller Egoismus, um mehr Gemeinsamkeit und Menschlichkeit in den Herzen der Menschen zu schaffen.

Zu überlegen wäre auch, wo eine helfende Hand, ein tröstendes Wort gebraucht werden.

Die Skala der Bedürftigkeit reicht von den Erdbeben in dieser Welt über Krankheit und Armut vieler Menschen, Sorgen in den Familien und bei Nachbarn, Seelennöte und die Ängste Einsamer bis hin zum Gespräch mit einem alten Menschen in unserer Nähe.

Brot für die Welt!
Brot für die Seele!
Seid umschlungen, ihr Millionen, die ihr erkennt, daß die Liebe das Brot des Lebens ist.
Menschen für Menschen! Friedfertigkeit statt Gegnerschaft!
Was wirklich zählt auf dieser Welt, man kriegt es nicht für Gut und Geld!

Einmal endet jede Nacht!
Hast du drüber nachgedacht?
Plötzlich strahlt ein neuer Morgen,
schenkt dir Lebensmut statt Sorgen!
Niemals laß dich unterkriegen!
Mit der Sonne wirst du siegen!
Denk daran!

Was ich mir wünsche

Was ich mir wünsch' für unser Leben?
Ein wenig Trost und Sympathie.
Das ist nicht viel und leicht zu geben,
wenn menschlicher die Strategie.

Was ich mir wünsch' für unser Leben?
Daß eine Hand die andre nimmt!
Gemeinsamkeit kann Kraft ergeben,
wo man im Strom des Lebens schwimmt!

Was ich mir wünsch' für unser Leben?
Mehr Frieden und mehr Herzlichkeit!
Und will mehr Hoffnung man erstreben,
sei man zum Geben auch bereit!

Was ich mir wünsch' für unser Leben?
Daß Glauben unser Herz durchdringt!
Daß man, anstatt um jeden Pfennig,
um jeden Menschen bangend ringt!

Was ich mir wünsch' für unser Leben?
Zu guter Letzt ein liebes Wort.
Wenn sich der Güte Schwingen regen,
kommt Gottes Segen auch an Bord.

Ein neuer Tag

Zu neuen Ufern lockt ein neuer Tag.
Und neues Licht gibt neue Kraft zur Tat.
Ein neu Erleben öffnet seine Tore,
ein Morgenlied noch singest du in frohem Chore,
vielleicht, und ziehst dahin,
dem Licht entgegen.

Es drängt nach Neuem dich,
nach neuem Schauen, Sehen, Finden,
nach neuer Fahrt in deines Lebens Kahn.
Und du wirst fahren, mußt ja fahren:
Ein neuer Tag begehret neue Tat von dir!

Nur gebe acht, daß nicht mit vollen Segeln
du zerschellst an harter Felsenwand,
daß du mit Stolz und frohem Herzen
die Ufer findst,
die deines Wirkens Freunde sind!

Freundschaft

Wenn in Stunden der Besinnung
sich der große Geist
der Eintracht und der Freude offenbart,
sei durch brüderliches Denken
nicht mit edlem Tun gespart!
Nur das hohe Lied der Freundschaft,
wie's aus starkem Herzen leuchtet,
wird die Welt einst ewig binden
und den Frieden uns verkünden!

Besinnlichkeit

Zu mancher festlich hohen Stund'
tut man der Herzen Gleichklang kund
in allem guten Tun und Sein,
auf daß all Übel bleib' allein.

Es bringt das Leben manche Pein,
man stellt auf manche Sach' sich ein,
doch ist des Wirkens höchstes Gut
ein treues Herz und frischer Mut.

So ist es!

An ihren Taten sollt ihr sie erkennen
und alles stets beim Namen nennen:
der Liebe und der Treue Glut
und auch des blinden Hasses Wut.

In freier Rede, freiem Denken
kann jeder jedem etwas schenken.
Die Nacht wird hell, der Tag wird klar,
wenn alle Dinge gut und wahr!

Mit offnem Wort kann man's beweisen:
Es muß nicht sein, daß wir entgleisen!
Das Schicksal hält die Pforten offen.
Bewährt ihr euch, dann könnt ihr hoffen!

Vom Lauf der Dinge

Nicht alle Dinge führn zum Ziel,
das kann man oft erleben.
Nur vorgegeben ist sehr viel;
mal ist es Ernst, mal ist es Spiel,
und manchmal geht's daneben.

Nicht alle Wege führn zum Ziel,
das merkt man allerorten.
Es sind oft Träume, Wunschgedanken,
und manche Sehnsucht kommt ins Wanken.
Man kann das Glück nicht horten!

Nicht alle Wege führn zum Ziel;
erfolgreich sein heißt leiden.
Halb ist es Kampf, halb ist es Glück,
und manchmal klappt es Stück für Stück.
Drum sei'n wir stets bescheiden.

Im Leben stehen,

das ist immer noch eine große Herausforderung. Sich voller Zufriedenheit zurücklegen zu können, Sorgen und Belastungen nicht zu kennen, ohne Probleme zu sein – wer wagt es, dies von sich zu behaupten?!

Wo war wohl ein Rettungsring in dunklen Stunden?!
Wo war denn der Leuchtturm im Sturm des Lebens?!
War es in jungen Jahren das Elternhaus?
War es die Freundeshand, vielleicht ein Mitmensch?
Vielleicht das BUCH DER BÜCHER?

Eine stille Stunde, eine besinnliche Stunde, sie kann oftmals eine Antwort geben, erkennen lassen, Hoffnung setzen und gute Wege aufzeigen.

Stille Stunde, Kerzenschein

Stille Stunde, Kerzenschein.
Hier bring all dein Denken ein,
alle Höhen, alle Tiefen,
die in deinem Leben riefen.

Stille Stunde, Kerzenschein.
Hier bring alle Hoffnung ein.
Aus dem Nebel der Gedanken
siehst du grün die Zukunft ranken.

Stille Stunde, Kerzenschein.
Hier bring Herz und Seele ein.
Deines Lebens Klagelieder
werden hier zur Freude wieder.

Die Zeit

Die Zeit schenkt Rosen uns und Narben,
sie treibt uns fort und bringt uns heim;
sie beutelt uns und läßt uns darben,
sie bringt uns Sonne, Brot und Wein;

sie nährt die Hoffnung, heilt die Wunden,
sie tröstet und sie fordert auch;
sie spendet Kraft und frohe Stunden,
sie nimmt ein Jahr wie Schall und Rauch;

sie läßt uns leben, lieben, leiden,
sie eilt dahin und kennt uns kaum;
sie zeigt der Sterne Himmelsweiden,
sie schafft im Glauben neuen Raum;

sie gibt Besinnung, mahnt die Seele,
sie war und ist, wird immer sein;
sie führt Regie, als ob nichts fehle,
sie teilt den Sinn der Schöpfung ein;

sie sieht der Menschen Krieg und Frieden,
sie ebnet Wollen und Verzicht;
sie ordnet unser Sein hiernieden,
sie kennt des Schöpfers Angesicht.

Die Zeit schenkt Rosen uns und Narben,
sie treibt uns fort und bringt uns heim;
sie zeigt der Hoffnung Glück und Garben
und läßt uns dafür dankbar sein.

Such die Stille

Will ein Tag zu Ende gehn,
wenn zum Himmel Lieder flehn,
komm zur Ruh' bei Kerzenschein,
binde dich in Träume ein.

Wenn die Hektik unsrer Zeit
hält nur Spannung meist bereit,
dann verbanne Muß und Sorgen,
blick hinauf und glaub an morgen!

Hat des Lebens Auf und Ab
dich genervt, und nicht zu knapp,
such die Stille, zieh Bilanz
und vertrau dem Himmel ganz!

Alle Liebe, aller Fleiß,
jedes Ding hat seinen Preis!
Doch selbst in dem kleinsten Zimmer
blühet Hoffnung, jetzt und immer!

Erhaltet euch eure Träume!

Mit 20 hat man noch Träume, und mit 60 und mehr Jahren darf und soll man sie auch noch haben! Wie arm wären wir dran, wenn wir keine Träume mehr hätten und nur noch von Erinnerungen lebten!
„Erhaltet euch eure Träume!"
Das sagte der auch in unseren Breiten sehr wohl bekannte ehemalige südafrikanische Präsident Nelson Mandela, der im Januar 1999 den „Deutschen Medienpreis" erhielt. Wie recht er hat! Wieviel Erfahrung, wieviel Leid und Glück, Sensibilität und menschliches Denken steht hinter diesen Worten! Wir selbst sein, gute Ziele haben! Trösten und getröstet werden! Sich einbringen in eine – Gott sei Dank – hier und da schon wieder etwas nachdenklicher werdende Welt!

Jeder Mensch hat Träume,
und Gedankengut ist frei!
Ist es gut und ist es edel,
wirke, daß es machbar sei!

Jeder Mensch hat Träume,
und in Wünschen liegt ein Spiegel.
Hältst du Maß in allen Dingen,
golden ist dein Lebenssiegel!

Jeder Mensch hat Träume,
und verschleiert winkt ein Glück.
Geh den Weg der großen Hoffnung,
und kehr schicksalsfroh zurück!

Und schlug oftmals etwas fehl, lieber Leser, dann verzage nicht gleich! Mögen andere zunächst auch negativ sagen: „Das hast du nun davon."
Ein gutes, ein schönes Ziel anzustreben, das dann irgendwie und irgendwann durch Fleiß, Engagement und Zuversicht im Leben machbar erscheint, Gestalt annimmt, Wirklichkeit wird, hat nichts mit Traumtänzerei zu tun. Das gilt sicherlich für alle nur denkbaren Bereiche unseres Lebens. Und dann darf und wird man als Fazit seiner Träume und seines Fleißes voller Stolz sagen dürfen: „Das habe ich erreicht!"

Lebensbetrachtung

Wenn man das Leben recht bedenkt,
so hat sich manches eingerenkt.
Nach hohen Zielen, recht und bieder,
fand man sich auf dem Teppich wieder.

Es ist nicht alles Gold, was glänzt!
Doch wenn die Liebe das ergänzt,
was man voll Hoffnung angestrebt,
dann hat man wahres Glück erlebt!

Auf diesen Wolken darfst du schweben
und stetig Zuversicht erstreben.
So kommst du innerlich zur Ruh'
und schaust der Welt mit Abstand zu.

Die Macht der Einsicht

Besinnlichkeit an manchen Tagen
gibt Antwort auf so manche Fragen.
Wenn unsere Gedanken reifen
und wir des Lebens Sinn begreifen,
dann sind umgeben wir von Klarheit
und finden Weisheit, Mut und Wahrheit.

So mag in allen unsren Welten
die Macht der Einsicht nur noch gelten.
Was uns fürwahr bewegen soll,
ist nicht der Rache bittrer Groll!
Das Ziel sei die Gemeinsamkeit,
voll Frieden, Glück und Menschlichkeit!

Ein wahres Wort

Im BUCH DER BÜCHER steht geschrieben:
Ihr sollt nicht hassen, sondern lieben!
So geht denn hin und reicht die Hand
und knüpft ein festes Friedensband.

Wie oft schon hat ein Fluß von Tränen
der Einsicht erste Spur gelegt;
und manchmal, das muß ich erwähnen,
hat uns ein Dankeswort bewegt.

Sprecht aus, was ihr auch immer fühlt,
und seid ihr noch so aufgewühlt.
Ihr habt es sicher schon gelesen,
daß man am Glücke stets genesen.

Und dieses Glück in Stadt und Land,
das ist der Menschen wahre Liebe.
Sie ist ein ewig festes Band.
Es walte Gott, daß es so bliebe!

Vor einer besinnlichen Autorenlesung

Wenn ich hier so vor euch steh'
und in eure Augen seh',
glaub' ich, etwas zu erkennen,
und ich will es Fragen nennen:

„Können Worte Trost auch machen?
Können Hoffnung sie entfachen?
Dringt der Reim bis in das Herz?
Bringt er Ruhe mir statt Schmerz?"

Stunden der Besinnlichkeit,
auch in mancher Einsamkeit,
geben Kraft im Strom des Lebens.
Keine Träne rinnt vergebens.

Hier in dieser trauten Runde
schließt sich manche Seelenwunde.
Kleiner werden alle Sorgen,
und man fühlt sich wohl geborgen.

Alle Sinne sind gerichtet
auf den Punkt, der alles schlichtet,
auf die Worte des Verstehens,
die uns helfen unversehens.

In Gedanken laßt uns schreiten
durch des Lebens Vielfalt hin.
Mag der Himmel uns begleiten,
zeigen uns des Lebens Sinn!

Auch das ist Leben

Fast lautlos zieht ein Kummer einher.
Man resigniert und wehrt sich nicht mehr.
Es fehlt die Kraft, es noch zu ertragen,
geschweige denn, neu einen Anfang zu wagen.

Aufschrei der Seele!
Stummer Blick.
Auch das ist Leben:
die Faust im Genick.

Worte der Liebe, im Munde erstarrt,
gebändigt durch Argumente so hart.
Tränen der Angst, Blicke der Not,
Kahnfahrt des Lebens, leck ward ein Boot.

Aufschrei der Seele!
Undank als Lohn!
Auch das ist Leben,
man kennt das ja schon.

Das Leben hat viele Gesichter!

Und oft sind es jene Schlüsselerlebnisse, jene ganz besonderen und beeindruckenden Ereignisse und Begegnungen, die uns hellhörig machen, formen, verändern oder zum Nachdenken zwingen. Da ist der Gang über einen Friedhof, der uns über den Sinn des Lebens nachdenken läßt;
da ist jene menschliche Besinnlichkeit, die uns reifen und gestalten läßt;
und da ist ein ehrlicher, fester Händedruck, der unser Herz erwärmen kann.
So enthält Abschied denn auch Trost und Hoffnung, und die Schritte unseres Lebens sind nicht ziellos, sondern fest und voller Zuversicht.

Schritte des Lebens:

Geboren werden,	um zu leben.
Kind sein,	um Freude zu geben.
Lernen,	um zu begreifen.
Suchen,	um für das Leben zu reifen.
Forschen,	um die Welt zu gestalten.
Kämpfen,	um das Recht zu erhalten.
Lieben,	um aller Liebe willen.
Trösten,	um alles Leid zu stillen.
Lehren,	um der Nachwelt Zeichen zu setzen.
Sorgen,	um Erreichtes nicht zu zerfetzen.
Dasein,	solange der Himmel es will.
Gehen im Glauben,	
bescheiden und still.	

Trost

Gib dich zufrieden, bangend Herz.
Die Welt hat nicht nur Dunkelheiten.
Wenn dich auch plagt ein Seelenschmerz,
soll Hoffnung deinen Weg begleiten.

Gib niemals auf im Sturm der Zeiten,
denn immer leuchtet uns ein Licht;
es wird des Lebens Gang begleiten,
denn Gottes Allmacht ruhet nicht.

Gib deinem Innersten die Ruhe,
die einen neuen Anfang schenkt.
Bedenk bei allem Leidgetue,
daß eine höh're Macht uns lenkt.

Sanduhr und Leben

Die Sanduhr läuft.
Man kennt das ja und wartet ungeduldig,
bis ihr Werk getan.
Vergleicht man solches mit dem Leben,
so will man keine Zeit vergeben
und schaut dann ängstlich diese an.

Die Sanduhr unseres Lebens,
sie leert sich ständig
wie ein Becher, wenn man trinkt.
Nach jugendlichem Hoffen
kommt die Weisheit eines Alters,
die aller Forschheit Ruhe bringt.

Die Sanduhr läuft:
Es zeigt sich erstes Morgenrot;
dann läuft das Leben,
läuft und läuft
bis hin zum Abendrot.

Den Bleibenden

Wenn das letzte Blatt gewendet
und mein Erdenleben endet,
weiß ich wohl, es ist vollbracht.
Gott nun seinen Frieden macht.

Zieh' ich aus dem Weltgetriebe
ein ins Meer der wahren Liebe,
gib, o Herr, dann deinen Segen,
daß sich Sorg' und Kummer legen.

Allen denen, die noch bleiben,
sei dein Wort, dein Trost zu eigen.
Schlägt ein Buch für immer zu,
in Verwahrung nimmst es du.

Am Ende aller Wege

Am Ende aller Wege
zeigt sich des Himmels klares Licht.
Da zählen nicht Finanzbelege,
auch Rang und Namen wirken nicht.

Am Ende aller Erdentage
stehn wir vor Gottes Angesicht.
Nur seine HAND bestimmt die Lage
und gibt den Dingen ihr Gewicht.

Am Ende aller unsrer Sorgen
wird Gottes Segen Labsal sein.
Sein AMEN bleibt uns nicht verborgen
und bringt die Seele gütig heim.

Abschied

Abschied ist in unserm Leben
sicherlich ein hartes Los.
Mancher Mitmensch fragt sich bangend:
„Wie verkrafte ich das bloß?"

Es geschieht und überkommt uns
tobend oft wie ein Taifun!
Da hilft kein bewegtes Klagen
und nicht allerbestes Tun.

Plötzlich und auch vorbereitet
kommt einmal die Stunde X.
Abschied, wie und wo er waltet,
nimm ihn hin, man ändert nix!

Eines aber, das sei sicher,
nimmt dem Abschied seine Schwere:
Gott im Himmel weist die Wege,
keine Losung zielt ins Leere!

Bange nicht, o liebend Herz!
Abschied ist ein Teil des Lebens!
Sieh das Licht und seinen Schein!
Niemand hofft vergebens!

Gang über einen Friedhof

Gedankenschwer, nach Hoffnung suchend,
so schreitest du von Grab zu Grab.
Hier ruhen sie, die Mensch einst waren,
entledigt aller Weltgefahren,
und wenn du fragst, bleibt alles stumm.

Die Jahreszahlen kannst du lesen;
oft viel zu jung, oft alt in Gnaden.
Das Schicksal hat sie fortgenommen,
es blieb Vergangenheit, verschwommen,
und wenn du fragst, bleibt alles stumm.

Ob Stein, ob Kreuz, hier ruhen Menschen.
Sie gingen heim zu ew'gen Frieden.
Als letztes Wort, bevor sie kamen,
sprach Gott, der Herr, sein schlichtes AMEN.
Und wenn du fragst – kein Kreuz ist stumm.

Wir alle werden einst beschreiten
den Weg, den jeder hier gegangen.
„Herr, gib uns Kraft und starken Glauben,
daß niemand kann dein Licht uns rauben!
Und wenn du rufst, dann sei es drum."

Gedanken

„Die Gedanken sind frei!“ heißt es in einem Lied. Und ohne Zweifel ist es das Privileg aller Menschen, den eigenen Gedanken freien Lauf zu lassen und sich mit dem Für und Wider von Ereignissen und Erkenntnissen auseinanderzusetzen.

Das Ergebnis möge stets ein Beitrag sein, dem Leben das rechte Maß an Urteilsfindung oder Zielsetzung abzuringen. Unendlich viele Situationen begegnen uns täglich in unserem Leben. Und wie oft hätten wir gern gewußt, wie es ausgeht. Wie oft auch hätten wir gern eine möglichst allumfassende, sofortige Antwort gehabt auf die vielen Fragen und Probleme.

Man kann vieles tun, um mit sich und der Welt ins reine zu kommen. Da ist eine stille Stunde daheim ebenso wohltuend und erbaulich wie ein offenes Gespräch unter echten Freunden. Der Weg durch die Natur kann uns ebenso positiv berieseln wie etwa das Erlebnis wahren Zuspruchs oder empfangener Herzenswärme.

Zu einem eigenen, inneren Erlebnis gestaltete sich einmal ein besinnlicher Gang über den Eutiner Friedhof an der Plöner Straße. Es war Mai, und nach einem besonders ereignisreichen Tag wollte ich ganz einfach nachdenken, abschalten. Kann man das denn hier überhaupt?
O ja; wenn man die kleinen Wege entlanggeht, vorbei an den vielen Kreuzen und Gedenksteinen, vorbei an den zumeist mit großer Herzlichkeit und Innigkeit gepflegten Gräbern, wird man still und nachdenklich.
Schicksale; stumm und doch redend.

ICH STEH' AN DIESEM GRABE NUN in stillem Angedenken,
und kann trotz allerbestem Tun nur noch die Tränen schenken.

Was ist des Menschen letzte Ruh'? Ein Bett im Schoß der Erde.
Die Seele eilt dem Himmel zu, Gott spricht ein neues WERDE.

Und die Erinnerungen bleiben; sie geben Kraft, sie geben Rat.
Den Trost wird uns der Glauben zeigen, und was wir lernten, zeigt die Tat.

So stand ich vor einem der vielen Gräber. Um mich herum blühte und rankte es, dem herrlichen Monat Mai alle Ehre machend, so als wollte alle Farbenpracht sich hier vereinen zu einem Loblied auf seinen Schöpfer.

„HOFFNUNG, WIEDERERWACHEN!“ ging es mir durch den Sinn. Ein Frost wird kommen, ein dunkler November, so wie auch der Tod auf Erden immer wiederkehren wird. Aber der Hauch des Erwachens, der Auferstehung, er wird überdecken alle Wunden dieser Erde, wird Hoffnung und Licht aufzeigen, so wie es niedergeschrieben steht im BUCH DER BÜCHER.

Ich setze mich auf eine kleine Bank.
„Du bist älter geworden. Weiser? Zufriedener? War es bisher ein erfülltes Leben, eine erfüllte Zeit? Habe ich Fehler gemacht? Wie menschlich doch! War ich gerecht oder mitunter auch ungerecht? Habe ich verzeihen können oder auch selbst die Kraft gehabt, Verzeihung zu erbitten?“

Die Gedanken, die hier beim Gang über den Friedhof Ruhe suchten, überschlugen sich plötzlich.

Leben, Tod, Auferweckung, alles hat seinen Sinn.
Die uns gegebene Zeit erscheint mir wie eine Aufgabe, eine Verpflichtung. Nutzen wir sie gut! Jeder nach seiner Kraft und seinem Können, seinen guten Fähigkeiten, die ihm schon in die Wiege gelegt wurden. Das Gute wird überdauern, wird weiterleben und weitergetragen werden.

Hoffnung für Herz und Seele, welch Glücksgefühl für alle Menschen, die guten Willens sind!

Langsam erhob ich mich; dankbar ging ich heim. Neue Hoffnung wurde geboren, neue Kraft empfangen; neue Gedanken sammeln sich.
Dank sei dieser besinnlichen Stunde.

Wagen wir, glücklich zu sein!

Die großen Gedanken kommen aus dem Herzen!
Das ist eine alte Lebensweisheit. Was nicht von Herzen kommt, ist oft fragwürdig und bleibt Stückwerk.

Große Gedanken sind die Bereitschaft zur Vergebung, zur Versöhnung, zu einem ehrlichen Mit- und Füreinander, zu Liebe und Vertrauen, Hilfsbereitschaft und Menschlichkeit, zum Verstehen und Handeln ohne viel Worte.

Franz von Assisi hat einmal gesagt:
„Ein Sonnenstrahl reicht hin, um viel Dunkel zu erhellen!"

Wir kennen doch alle jene Situationen, jene Augenblicke, wo wir einmal mit trüben Gedanken in einen wolkenverhangenen Himmel starren, und wie plötzlich ein Sonnenstrahl, wenn auch nur für einen kurzen Augenblick, durch die Wolken dringt, den Tag heller erscheinen läßt und unser Herz erwärmt. Tief atmen wir durch. Und ein Sonnenstrahl ist es auch, wenn sich eine helfende Hand entgegenstreckt, so daß Hoffnung neue Nahrung findet.

Was kann unseren Erdkreis besser verbinden als ein Band der Liebe und des Vertrauens!
Vertrauen in der Welt ist die Straße des Lebens!
Frieden ist das Meisterwerk der Vernunft!

Wagen wir also, glücklich zu sein!
Wobei die schönsten Stunden manchmal die stillsten Stunden sein können.

Abendstimmung

Unterm Sternenhimmel träumen
ist ein göttliches Geschenk;
leises Abendwindewehen
macht uns dessen eingedenk.

Süße Labung strahlt sein Antlitz
jedem müden Wandrerherz,
stillt in heimlich-stiller Weise
jeden Kummer, jeden Schmerz.

Mit des Mondes fahlem Scheine
streift mein Blick durch stilles Tal,
gleitet wie in einem Kahne
dann zum großen Sternensaal.

In den Höhen wohnt der Friede,
der uns schirmt, bewacht und führt
in ein Reich der wahren Liebe,
wo man wahre Treue spürt.

Abendglocken

Abendglocken hör' ich schallen,
seh' die Herden heimwärts ziehn.
Tages Streit, er endet.
Himmel Segen spendet.
Erde gibt Frieden, labende Ruh.

Alles schweiget, Nebel steiget,
stille ruhet der See.
Lenznacht, du Schöne,
wie ich mich sehne nach dir, du Fee.

Holde Stille, labende Nacht.

Eine Dichterpredigt

Anmerkung:

Die nachstehend formulierte und mit besinnlicher Lyrik durchwebte Dichterpredigt hat Themen und Gedanken unserer Zeit als Grundlage. Hier wird angesprochen, was wohl nur selten offenkundig wird, was aber die Herzen der Menschen in den verschiedensten Situationen bewegt und ihr Denken oft maßgeblich beeinflußt. Hier soll angesprochen bzw. ausgesprochen werden, was unser Erdendasein in Wahrheit und mit des Himmels Hilfe einer Gemeinsamkeit und damit auch einer Erfüllung näherbringt.

Dichterpredigten gab es schon immer einmal, meist von Prominenten und im Rahmen einer kirchlichen Veranstaltung und wohl seltener im Rahmen einer verschiedengearteten Buchausgabe. So sei es denn; alles hat seine Stunde.

Die Dichterpredigt

(Anrede)

Wir alle fragen so oft nach des Lebens Sinn; wir suchen seelische Zuflucht oder menschliches Verständnis und Geborgenheit; wir wähnen uns oft genug als Wanderer in einem tiefen Tal.

Und als ich einmal nach einem stressigen Tag in die kleine, nachmittags gerade noch geöffnete St.-Katharinen-Kirche zu Lensahn in Ostholstein kam, zog mir das Thema „Besinnung in einer Kirche“ durch den Kopf. Ich schrieb einige Gedanken hierzu nieder, und das so entstandene Gedicht mag nun Vorlage und Anfang dieser Dichterpredigt sein:

Wenn ich in einer Kirche bin
und frage nach des Lebens Sinn,
dann fühl' ich, hier ist eine Kraft,
die mehr als alle Worte schafft.

In diesem Raum, mit Blick nach oben,
da kann und will man danken, loben,
kann voller Inbrunst sich ergehn
und auch Vergebung still erflehn.

Hier herrscht der Andacht reine Stille,
und es geschieht noch Gottes Wille.
Wer hierher seine Schritte lenkt,
mit Gottes Segen ist beschenkt.

Gib, Vater, Sohn und Heil'ger Geist,
daß keine Seele je verwaist.
Schenk allen Menschen hier auf Erden
die Einsicht, es muß Frieden werden.

Nimm diese Stunde der Besinnung
als Dankgebet für Trosterringung.
Wie du es fügst, so soll's geschehn,
dann mag die Welt vor dir bestehn!

Lohnt es sich da zu resignieren? Viele von uns haben ihr Bestes gegeben und ernteten Undank. „Das hast du nun davon!“ sagen sie gedankenvoll.

Kann da nicht eine stille Stunde, ein Insichgehen, ein Prüfen und Überlegen, eine Selbstbefragung neue Hoffnung geben? Die Suche nach einem ehrlichen Miteinander, Füreinander, jeder an seinem Platz – Seelenmedizin!?

Stunden der Besinnung können Brücken bauen. Die großen Gedanken kommen aus dem Herzen. Aber das Leben fordert uns! Die Themen der Zeit fordern uns! Da ist die Familie, der Beruf, die Umwelt, unser ganzes irdisches Umfeld schlechthin.

SPÜREN wir nicht alle, daß uns das Auf und Ab des täglichen Lebens fordert und oft genug verunsichert?

FRAGEN wir nicht alle nach dem Sinn des Lebens und den Geschehnissen in der Welt?

SEHEN wir nicht alle, allzuoft, die Dinge, wie wir es wollen, nämlich im Lichte eigener, oft selbstgefälliger Betrachtung und Beurteilung?

TUN wir nicht alle an manchen Tagen so, als hätten wir alles im Griff – bis es dann anders kommt?

SUCHEN wir nicht alle – immer wieder – nach Antworten auf bange Fragen?

ZWEIFELN wir nicht alle – an manchen Tagen oder überhaupt – an Menschen oder gar an Gott?

Dann brauchen wir etwas, das uns trägt, das uns Kraft und Erkenntnisse gibt! Dann brauchen wir jemanden, der uns zuhört und versteht, der uns ermuntert, zurechtrückt und Rückhalt gibt!

Und wir sollten uns alle einig sein – oder wieder einig darin werden –, daß eine Stunde der Besinnung mehr Menschlichkeit und Wärme unter die Menschen bringt und daß mehr Vertrauen und mehr Willen zum Frieden Herz und Seele entkrampfen können!

„Wenn ich in einer Kirche bin
und frage nach des Lebens Sinn,
dann fühl' ich, hier ist eine Kraft,
die mehr als alle Worte schafft ...“

Ein Augenblick der Einkehr und der Besinnung, geschehen in jener kleinen Kirche in Lensahn, ließ mich diese Zeilen eines sogenannten Kirchengedichtes schreiben.

Und mein Konfirmationsspruch kam mir in den Sinn, erhalten 1947 in der St.-Jürgen-Kirche zu Flensburg:

„Sei getreu bis an den Tod, so will ich dir die Krone des Lebens geben.“
(Joh. Offb. 2/10)

Ja, treu wollte ich sein. Gottvertrauen haben, dankbar sein! Dankbar sein – auch für Erkenntnisse in den vorangegangenen Jahren voller Not und Bedrängnis; dankbar aber auch für gute Zeiten, die mir beschieden waren, und dankbar insbesondere auch für ein paar Begabungen, mit denen ich bisher vielen Menschen so oft Freude, Erbauung und Lebensmut durch Musik und Dichtung habe geben können.

Und jeder von uns hat eine ihm eigene, angeborene Begabung, mit der er sich einbringen könnte in dieser Welt für ein Miteinander und nicht Gegeneinander.

„Die großen Drei“ dieser Welt (beschrieben im 1. Korinther 13, 13), nämlich: Glaube, Hoffnung, Liebe, sind gefragt!
Und die Liebe ist die Größte unter ihnen!

„Ich bin ein Mitmensch, so wie ihr,
und auf der Erde nur ein Gast.
Was immer ich auch tu allhier,
ist Fazit einer Rast ...“

Der Wind mag die auch in meinen Büchern niedergeschriebenen Gedanken im Sturm mancher Ereignisse vielleicht verwehen oder auch – was zu wünschen wäre – wie Samenkörner in die Hirne der Menschen unserer Zeit einpflanzen!

Was ich davon habe?

In erster Linie Freude an der Freude anderer, Genugtuung darüber, daß ich etwas zum Guten hin bewegt habe in den Köpfen der Menschen. Und wenn man immer wieder erleben darf, wie nach mancherlei Lesungen gestandene, lebenserfahrene Leute zu mir kamen, ältere und auch jüngere Menschen, um sich zu bedanken, wenn sie freimütig bekannten: „Das tat echt gut; das hat uns etwas gegeben für Herz und Seele“, dann ist es nicht nur die schönste aller Dankesbezeugungen, sondern es kommt mir immer wieder vor wie ein Gottesgeschenk.

Ja, treu wollte ich sein, getreu meinem Konfirmationsspruch in schwerer Zeit, und dankbar für jene harten Zeiten und Lehren ebenso wie für die guten Stunden in meinem Leben.

Alles hat seine Zeit im Leben; alles hat seine Stunde. Nutzen wir sie.

Sei getreu bis in den Tod.
Bleibe Mensch auch in der Not.
Laß dein Herz vor allem sprechen.
Nichts ist übers Knie zu brechen.

Bring der Seele hellen Schein.
Laß die Hoffnung mit hinein.
Nimm den Stürmen der Gefühle
ihre Kraft im Weltgewühle.

Sei beherrscht und hab Vertrauen.
Neues Glück, es läßt sich bauen!
Sei getreu bis in den Tod.
Bleibe Mensch – auch in der Not.

Spüren wir die Antwort auf unsere vielen Fragen?
Sehen wir – vielleicht in einer stillen Stunde bei Kerzenschein – einen neuen Hoffnungsschein am Ende eines Tunnels?
In einem meiner nachdenklichen, lyrischen Texte habe ich versucht einzufangen, was uns in solchen Augenblicken wohl bewegt:

Stille Stunde, Kerzenschein. Hier bring all dein Denken ein,
alle Höhen, alle Tiefen, die in deinem Leben riefen.

Stille Stunde, Kerzenschein. Hier bring alle Hoffnung ein.
Aus dem Nebel der Gedanken siehst du grün die Zukunft ranken.

Stille Stunde, Kerzenschein. Hier bring Herz und Seele ein.
Deines Lebens Klagelieder werden hier zur Freude wieder.

Und so ist das Wörtchen HOFFNUNG eines der vielen Schlüsselwörter unserer Gesellschaft. Zeichen sollten wir setzen, bewußt und erkennbar!
Ein Strauß Hoffnung ist wie ein Glas Wasser in der Wüste. Mit beiden Händen, mit seiner ganzen Seele umklammert man des Lebens wahre Wichtigkeiten.
Und ein großes Goldstück ist das tröstende Wort! Gemeinsamkeit, Liebe, Geborgenheit, Gleichklang der Gedanken:
Das ist Harmonie des Lebens.

Ein Strauß Hoffnung, gegeben als ein Zeichen des Miteinanders und des Verstehens, ist fürwahr ein Gottesgeschenk! Und die Geborgenheit, so stellte auch schon der Hamburger Zukunftsforscher Horst W. Opaschowski fest: „Geborgenheit wird immer wichtiger!"

Was wir an Zuversicht verschenken,
wird auch zurück zu uns sich lenken.
In Harmonie lebt Mensch und Welt,
wenn alles sich die Waage hält!

Drum pflücke all diese Stunden, die dir Hoffnung geben, wie einen schönen Blumenstrauß.
Laß die Seele treiben und genieße die Stille des Augenblicks, um zu verstehen, um zu erkennen und um zu danken.
Vertraue einer höheren Macht, die unsere Schritte stets lenken wird.
Es wird Rosen und Narben geben in unserem Leben. Nicht nur das eine, sondern beides!
Franz von Assisi hat einmal gesagt: „Ein Sonnenstrahl reicht hin, um viel Dunkel zu erhellen."

Wagen wir also, zufrieden zu sein, glücklich zu sein!
Wobei die schönsten Stunden manchmal die stillsten Stunden sein können.

DIE ZEIT, in der wir leben, wie soll man sie recht beschreiben? Etwa folgendermaßen:

Die Zeit

Die Zeit schenkt Rosen uns und Narben,
sie treibt uns fort und bringt uns heim;
sie beutelt uns und läßt uns darben,
sie bringt uns Sonne, Brot und Wein;

sie nährt die Hoffnung, heilt die Wunden,
sie tröstet und sie fordert auch;
sie spendet Kraft und frohe Stunden,
sie nimmt ein Jahr wie Schall und Rauch;

sie läßt uns leben, lieben, leiden,
sie eilt dahin und kennt uns kaum;
sie zeigt der Sterne Himmelsweiden,
sie schafft im Glauben neuen Raum;

sie gibt Besinnung, mahnt die Seele,
sie war und ist, wird immer sein;
sie führt Regie, als ob nichts fehle,
sie teilt den Sinn der Schöpfung ein;

sie sieht der Menschen Krieg und Frieden,
sie ebnet Wollen und Verzicht;
sie ordnet unser Sein hiernieden,
sie kennt des Schöpfers Angesicht.

Die Zeit schenkt Rosen uns und Narben,
sie treibt uns fort und bringt uns heim;
sie zeigt der Hoffnung Glück und Garben
und läßt uns dafür dankbar sein.

Geht man durch die Straßen der Welt, könnte man manchmal denken, man mache sich lächerlich, weil man von Hoffnung, von Stille, von Glauben, Gerechtigkeit und Gemeinsamkeit spricht.

Nur nicht sonderlich auffallen!? Sich anpassen!?
Nur nicht milde belächeln lassen!? Man könnte ja sonst sagen: Das hast du nun eben davon." Und dann wärst du ja ‚out'.

Aber es wird kommen ein Abend; der Abend des Lebens oder auch eines Tages Abend. Man wird nachdenken, man prüft, man beurteilt dann vielleicht sich selbst und fragt sich:
War denn alles gut?
War es ein Geben und Nehmen? Oder nur ein Nehmen?

> …Roulett des Lebens,
> Spiel der Gedanken,
> Sieg und Enttäuschung,
> Begehren und Entsagung,
> Freude und Leid im ewigen Wechsel des Glücks.
> Und mittendrin stehen wir alle; wir, die Suchenden.

Ich wünsche allen das Erlebnis, zu empfinden und aus Überzeugung oder Dankbarkeit sagen zu können:

> „Wenn ich in einer Kirche bin
> und frage nach des Lebens Sinn,
> dann spür' ich, hier ist eine Kraft,
> die mehr als alle Worte schafft …"

Alles hat seine Stunde, alles hat seine Zeit. Wagen wir immer wieder, zufrieden und glücklich zu sein.

Und wenn sich ein Tag dem Ende neiget, so mag jeder von uns auch geneigt sein, die folgenden Lyriktexte anzunehmen:

Will ein Tag zu Ende gehn,
wenn zum Himmel Lieder flehn,
komm zur Ruh' bei Kerzenschein,
binde dich in Träume ein.

Wenn die Hektik unserer Zeit
hält nur Spannung meist bereit,
dann verbanne Muß und Sorgen,
blick hinauf und glaub an morgen!

Hat des Lebens Auf und Ab
dich genervt, und nicht zu knapp,
such die Stille, zieh Bilanz
und vertrau dem Himmel ganz!

Alle Liebe, aller Fleiß,
jedes Ding hat seinen Preis!
Doch selbst in dem kleinsten Zimmer
blühet Hoffnung, jetzt und immer!

Und HOFFNUNG, ich erwähnte es schon einmal, ist eines der Schlüsselwörter in unserer Gesellschaft. Nicht Eigennutz hilft weiter, kein Sichabschirmen vor den Problemen in unserem Umfeld! Schenken wir einander das Gefühl von Geborgenheit, Verständnis, Gemeinsamkeit!
Wie reich werden wir sein, wenn das Schule macht!
Wie stark werden wir uns fühlen, wenn wir spüren, welch wunderbare Impulse davon ausgehen!
Wie gut wird es tun, wenn wir Zeichen setzen, Zeichen des Miteinanders!
Nimm seine Hand … heißt es in einem Gedicht.

Es hat so mancher Mensch zu tragen
ein Schicksal, das ihn niederdrückt.
So schwankt er zwischen tausend Fragen
und hofft, daß Freude ihn beglückt.

Nach außen nur ein müdes Lächeln,
im Innersten der Sorgen Last.
Er kennt der Hektik wildes Hecheln
und sucht doch selbst den Platz der Rast.

Nimm seine Hand, wenn du ihn sichtest,
gib solchem Menschen etwas Kraft!
Erzähl, wonach du selbst dich richtest
und was auch dir einst Mut verschafft.

Es hofft der Mensch in allen Lagen,
sucht Wärme und Geborgenheit.
Und bleiben auch die tausend Fragen,
wird helfen die Gemeinsamkeit!

Davon haben wir alle etwas! Und was wir mit Freude, mit Herz und Seele geben, es wird tausendfach zurückfließen.
Unser Herrgott – Vater, Sohn und Heiliger Geist – möge uns die Kraft verleihen, so zu denken und zu handeln.
Seiner Gnade empfehlen wir die Hoffnung in unseren Herzen.
Und du, Herr, gib auch, daß wir danken können! AMEN.

X

Musik

Musik als wahrer Menschenfreund

Bei der Erstellung dieses Buches und der Zusammenfassung vieler bisheriger Texte, Gedanken, Erzählungen etc. haben mich nicht nur gute Wünsche und hohe Erwartungen begleitet, sondern es war auch und immer wieder die Sprache der Musik, die mich mit allen Schattierungen, insbesondere aber mit wohltuenden Klängen sehr motiviert hat. Für Menschen schreiben, das geht nicht so einfach mit Lalala oder Hopsa-Juchhei!

Chorszenen aus Mozarts Zauberflöte und Beethovens Fidelio flankieren das menschliche Szenarium von Menschlichkeit und Gedankenfreiheit, für die es sich lohnt, seine Stimme immer wieder zu erheben.

Das Thema von Beethovens Klavierkonzert Nr. 1, C-Dur, 1. Satz steht z. B. für Gradlinigkeit und mahnendes Fanal.

Händels Feuerwerksmusik zelebriert Schönheit und zukunftsfrohe Gedanken.

Oratorienchöre und Bach-Kantaten formen Hoffnungsbilder.

Und der Donkosakenchor singt: „Ich bete an die Macht der Liebe", als habe man begriffen, wo das Ziel der Menschen zu suchen wäre.

Mögen die Glocken – wie es schon einmal Goethe so treffend formulierte – nicht mehr klappern, sondern zu klingen beginnen! Die Seele schwingen und die Gedanken befreit laufen lassen, sich einbringen in eine Welt des Miteinanders!

Zu allen Zeiten war und ist Musik ein wahrer Menschenfreund. Je nach Situation oder Gefühlslage war und ist sie ein freundlicher Stimmungsmacher und Aufmunterer, volksnaher Medienlieferant, lieblicher Liebesklang, Erinnerungen bringender Stern, Freiheit, Brüderlichkeit und Menschlichkeit anmahnendes Fanal, aber auch ausgleichendes Medium, Seelentröster, Lichtbringer an dunklen Tagen und religiöser Wegweiser. Welche irdische Macht kann soviel Gutes und Verbindendes auf sich vereinen!?

Oder anders formuliert: Welche Macht auf dieser Erde ist allmählich so aufgeklärt und so erkennbar entschlossen, sich der völkerverbindenden Elemente der Musik sowie natürlich auch anderer kultureller Sparten ausschließlich, d. h. ohne Waffengewalt, zu bedienen, um seinen notwendigen Beitrag zur Völkerverständigung und Friedensbewahrung zu leisten!?

Mag sein, dies ist eine Art Zukunftsvision, eine Art Wunschbild, belächelt von all denen, die sich so etwas leider noch nicht vorstellen können. Ich selbst werde solche Traumerfüllungen wohl kaum noch in allen Einzelheiten erleben. Verschiedene gute Ansätze allerdings wurden hier und da sichtbar. Ansonsten muß wahr-

scheinlich wohl noch etwas ganz Enormes, schier Unvorstellbares um uns herum geschehen, bis dann der Mensch in absoluter Ausweglosigkeit sein Denken ändert. Die Völker dieser Erde, Aktive und Statisten, mögen der Nachwelt zeigen, zu welchen Taten sie fähig sind!
Aber die Musik, völkerverbindend und gebend, wird leben und lehren!

Beispiele?

1. Da gibt es seit geraumer Zeit die „Philharmonie der Nationen“ unter der Leitung von Justus Frantz. Dahinter steckt nicht nur eine künstlerische Idee. Dieses große, wunderbare und klangvolle Orchester, bestehend aus Musikern vieler Nationen, ist die Verwirklichung einer Utopie; es ist der Beweis für ein friedliches Miteinander der Völker. Sie ist machbar, diese grenzenlose Verständigung in einer gemeinsamen Sprache, nämlich der Musik!

2. Bald nach Ende des Zweiten Weltkrieges (1939–1945) gehörte Yehudi Menuhin zu den ersten, die als berühmte Künstler wieder Deutschland besuchten. Er, der weltberühmte US-Geiger und Dirigent, gastierte in vielen Städten. Für ihn war die Musik Botschaft und Umarmung zugleich. Ich habe ihn u. a. mit einem wunderbaren Violinkonzert in Flensburg erlebt.
Noch seelisch gezeichnet von den Wirren eines Jahre zuvor zu Ende gegangenen Krieges, legte sich mir hier eine andre, eine klingende Welt zu Füßen, und ich begriff, wie schön, wie ermunternd und umarmend Musik für alle Welt sein kann.
Am 12. März 1999 starb Yehudi Menuhin 82jährig. Ein großer musikalischer Botschafter und Menschenfreund verließ uns. Kurz vor seinem Tode rief er noch ein Projekt ins Leben, das europaweit darin gipfelt, Künstler und Pädagogen zu gewinnen, die dann insbesondere Kindern gute Musik näherbringen sollen, auch und besonders in sozial benachteiligten Stadtteilen.
„Musik kann kranke Kinderseelen heilen“, sagte er überall und aus Überzeugung. Er hatte es früher ja selbst erfahren dürfen. Die Stiftung in Deutschland, mit Sitz in NRW, wird derzeit geleitet von Prof. Rita Süßmuth, CDU-MdB und Bundestagspräsidentin a. D.
Musik, ein Edelstein der Menschheit; ein wahrer Menschenfreund.

3. Leonard Bernstein (1918–1990) – sein Name ist untrennbar auch mit dem deutschen Schleswig-Holstein-Musik-Festival verbunden.

Dieser große Komponist, Pianist und Dirigent – er war zusammen mit Justus Frantz auch einmal in der Festspielstadt Eutin, und ich durfte alles miterleben – sagte einmal folgendes:
„Daß Menschen gewissen geordneten Tönen mit Genuß lauschen; daß diese Reaktion … bis zur geistigen Erhebung gehen kann; daß ein Mensch, der durch eine Folge von Tönen in anderen stärkste Gefühle auszulösen vermag, als Genie betrachtet wird. Diese Tatsachen lassen sich nicht leugnen und auch nicht erklären. Und doch werden wir uns immer wieder an Erklärungen versuchen, weil der Mensch sich nun einmal schicksalhaft und gegen alle Widerstände aus dem Dunkeln herauszutasten versucht, um vielleicht doch einen Schimmer von Erkenntnis zu erhaschen."

4. Udo Jürgens, wenn auch ganz anders als seine „Klassik-Kollegen", will mit all seinen Songs und Liedern aufhorchen lassen. Klar und deutlich sind seine Texte geprägt von dem, was ist und was sein könnte.
„Ich will die Leute daran erinnern, sich ihren Träumen hinzugeben", so sagte er manchmal.
Was das heißt? Einfach Mensch zu sein, Ziele zu haben und hoffnungsfroh daran zu arbeiten, bis ein Wunschbild Wirklichkeit wird.
Musik, die verständlichste, allumfassendste Sprache der Welt!

Die Musik in unserm Leben
ist fürwahr ein Edelstein!
Denn sie nimmt nicht, will nur geben
und begleitet unser Sein.
Von der Wiege bis zur Bahre
bleibt sie nah und voller Segen,
ist nicht irgendeine Ware,
sondern wird uns stets bewegen.
Klinge, töne, jubiliere!
Bringe Kraft in Dur und Moll!
Deines Füllhorns Gabe ziere
unser Dasein übervoll!
Die Musik in unserm Leben
ist fürwahr ein Edelstein!
Denn sie nimmt nicht, will nur geben
und begleitet unser Sein.

Entstehung eines Liedes

oder: Der romantische Komponist

Musik – ein Edelstein der Menschheit – hat uns schon immer viel zu sagen gehabt und mehr berührt, als manche Worte es zu tun vermochten.
Ob es ein Abendlied ist oder ein Ave Maria, ob es Chorgesang oder großes Konzert ist, vom einfachen Lied oder Klavierstück bis hin zu großen Oratorien oder meisterhaften Symphonien – stets wird die Musik ein wahrhaftiger Begleiter der Menschheit sein.
Öffnen wir uns damit einer Kraft, die oft mehr als alle Worte schafft!
Wenn man seine Gedanken schweifen läßt und sich einmal vorstellt, wie wohl die eine oder andere Komposition entstanden ist, kommen uns unwillkürlich bekannte Namen einer romantischen Zeit in den Sinn.
Ludwig van Beethoven zum Beispiel (1770–1827). Er hat wunderbare Kompositionen geschrieben, aufrüttelnde und auch ergreifend einfache. Wie mag wohl eines seiner Lieder entstanden sein!?
Manchmal, an besinnlichen oder nachdenklichen Abenden, beeindruckt mich u. a. der 1. Satz seiner Mondschein-Sonate. Dann wieder kommt mir der Schlußsatz seiner 9. Symphonie – mit Chor und Solisten – in Erinnerung: „Seid umschlungen, Millionen!“ Wie oft war ich schon in jungen Jahren im Chor voller Stolz dabei!
Wunderbar aber ist auch eine Chorkomposition, die von vielen Chören gern gesungen wird: Seine „Hymne an die Nacht“ (Heil'ge Nacht, o gieße du Himmelsfrieden in dies Herz …).
Denken wir einmal ca. 200 Jahre zurück: eine stillere Zeit, eine romantische Zeit; Grund genug, seine Gedanken fließen zu lassen:
An einem kleinen, geöffneten Fenster sitzt Beethoven am Klavier. In abendlicher Ruhe und Besinnlichkeit geht ihm eine Melodie durch den Kopf. Er überlegt, schlägt Akkorde an und versucht, seine Eingebungen zu Papier zu bringen.
Ich stelle mir vor, wie diese abendliche Stimmung sich zu einem so herrlichen Stimmungsbild hat entwickeln können. Für mich war es Anregung zu dem folgenden lyrischen Text:

Der romantische Komponist

(über eine Chorkomposition von L. v. Beethoven)

Abenddämmerung liegt über dem Land.
Auf die Menschen streut Gott mit milder Hand
seine Gaben,
um zu laben.
In stiller Kammer, fern allem Jammer
harrt die Geduld eines wartenden Herzens,
das aus holder, nächtlicher Hand
sich erbittet ein himmlisches Pfand.

Leise flüstert der Wind in den Zweigen,
säuselt ganz sacht ein nächtliches Lied.
Leise wird ein Akkord angeschlagen,
dem alles irdische Leid unterliegt.

Fester und voller werden die Klänge,
fügen sich einer sicheren Hand.
Auf dem Blatt, wo es niedergeschrieben,
liest man:
HYMNE AN DIE NACHT.

Des Lebens wunderbare Fügungen

oder: Die Kraft der Musik

Hier liest man wahre Begebenheiten und Erlebnisse aus meinem eigenen Leben. Wenn ich mein eigenes Leben so betrachte, ach, was wollte ich alles tun und werden, besonders schon in jugendlichen Jahren! Ein großer Dirigent, ein engagierter Theatermensch, ein guter Sänger, ein wichtiger und vor allem volksnaher Schriftsteller, der dem Volk nicht nur aufs Maul schaut, sondern der auch kritisch beobachtet und der aus eigenen Erfahrungen und eigenem Erleben schöpfend den Menschen etwas sagen und geben wollte.

Was von diesen Träumen geblieben ist? Nun, gar manches erfüllte sich! Es war erarbeitete Wunscherfüllung; bin immer am Ball geblieben! Zugegeben, es war nicht immer einfach. Nach schlimmen Kriegserlebnissen als Kind, Verlust der pommerschen Heimat, Tod des Vaters, nach Neuanfang in Flensburg mit Mutter und Großmutter, da war für ein ausgiebiges Studium noch kein Geld da. „Etwas Ordentliches lernen", war die Devise. Mithelfen, um wieder ein würdiges Zuhause zu schaffen.

Aber die Träume blieben!

Und dank der umsichtigen Förderung durch meinen ehemaligen Schullehrer und wunderbaren Musikpädagogen Max Petersen fand ich in den Folgejahren immer wieder Gelegenheiten, das für meine Traumerfüllung Erlernte aktiv einzusetzen und stets zu vervollkommnen.

Und hier nun nachstehend Auszüge aus meinen Erinnerungen und Erlebnissen.

Nachdem meine Schulzeit gut benotet abgeschlossen war – besonders stolz war ich damals auf meine Abschlußarbeit über die Entwicklung der deutschen Sprache sowie auf eine Eins in Musik –, begann ich zunächst eine dreijährige Kaufmannslehre. Zur bestandenen Prüfung erhielt ich ein Buchgeschenk von meinem Ausbildungschef Friedrich Petersen, Titel: DER RUHM VON MORGEN von Frank G. Slaughter. Hinein schrieb er die Worte: „Ein großer Mensch ist derjenige, der sein Kinderherz nicht verliert!"

Wie recht er hat!

Begleiter meiner Lebenswege war immer wieder die Musik. Und ernstzunehmende Lyrik gesellte sich erst viel später dazu. Ich meine auch, man muß wohl erst eine ganze Reihe von Erfahrungen gesammelt und gravierende Ereignisse durchlebt haben, bevor man darangeht, aus dem Leben schöpfend Lyrik zu schreiben.

Es war ein relativ langer Weg von ersten Liedern über romantische Gedichte bis hin zu besinnlicher Lebenslyrik.
Von Herz zu Herz – so war und ist mein Motto, unter dem ich versuche, den Mitmenschen das nahezubringen und aufzuzeigen, was uns verbindet, erfreut, tröstet, erheitert, ermutigt und durchaus auch weltweit bewegen sollte! Losgelassen hat mich das alles nie, und im Verlauf vieler Jahre ist es dann innerlich immer fordernder und stärker geworden.
Aus mancherlei Lehren und Begegnungen, Erlebnissen und wichtigen Aktivitäten in der Kulturszene habe ich immer wieder jene Kraft gewinnen können, die man wohl braucht, um sich gegenüber den Wirren eines oft genug launischen Schicksals aufrechtzuhalten.
Wie begann nun alles?
Eigentlich begann es mit dem Musikunterricht in der Schule. Lehrer Petersen, der mir auch Klavierunterricht gab, suchte und bemerkte einige gute Tenorstimmen, die er auch für den von ihm geleiteten Kirchenchor in der Flensburger St.-Jürgen-Gemeinde gewinnen wollte. So sangen mein Schulkamerad Karlheinz Gehrmann und ich viele Jahre in diesem Chor. Außerdem betreuten wir zusammen mit dem jungen Diakon Kurt Engel, genannt Enko, noch eine Jugendgruppe. Diese traf sich einmal wöchentlich in einem kleinen Haus in der Jürgensgaarder Straße mit dem damaligen Namen „Villa Daheim".
Oft sammelten wir in jenen Nachkriegsjahren etwas Mehl und Zucker; beides war damals noch rationiert. Freundliche Eltern backten Plätzchen, damit wir Jugendlichen eine kleine Weihnachtsfeier veranstalten konnten. Gemeinschaft, Hilfsbereitschaft, Zusammengehörigkeitsgefühl, das waren Vokabeln, die zu dieser Zeit noch besonderes Gewicht und Bedeutung hatten!
Zum alten Gemeindehaus hatte ich jederzeit Zutritt. Dort wohnte auch die alte Küsterfamilie Tilgner, und – was mir damals sehr wichtig und wertvoll erschien – ich durfte das zwar alte, aber gut gestimmte Klavier benutzen.
Aus landsmannschaftlicher Verbundenheit trat ich auch dem Ostdeutschen Chor bei. Hier kamen Menschen aus Pommern und dem ehemaligen Ostpreußen zusammen, um das Volkslied allgemein und das Liedgut der alten Heimat zu pflegen. Wenn wir den Chorsatz LAND DER DUNKLEN WÄLDER anstimmten oder wenn das Lied WENN IN STILLER STUNDE gesungen wurde, dann war es ein innerliches Erlebnis und Erinnerung zugleich.
Oft zu Besuch bei uns war eine Landsmännin und gute Freundin meiner Mutter, Witwe Anni Lehmann. Sie war ebenfalls Musikfan und außerordentlich sangesbe-

gabt. Für ein landsmannschaftliches Gesangsquartett, in welchem sie mitwirkte, schrieb ich einige Lieder, und wir haben so manche besinnliche und schöne Vortragsstunde erarbeitet.

Anläßlich meiner späteren Hochzeit im Dezember 1957 – meine Frau Annegrete stammte aus Meldorf/Dithmarschen – sang Anni Lehmann mit Orgelbegleitung im Meldorfer Dom. Ich erwähne dies hier gern und mit tiefer Dankbarkeit.

Annegrete verstarb im Februar 1996 nach einem längeren Krebsleiden. Drei erwachsene Kinder und ich in einem seelischen Tief, das es zu überwinden galt. Aber die Zeit eilt weiter, sie heilt Wunden, und wir dürfen leben. Auch wenn man wie ein Bajazzo im Leben oder auf der Bühne des Lebens Trauer tragen muß – lächeln, lächeln! Denn wie's da drinnen aussieht, so heißt es oft im Volksmund, geht kaum jemand was an, oder?

In meinem Falle waren es wieder einmal Lyrik, Musik und viele aufbauende Gespräche. An meiner Seite steht heute Ilse Nicolaus. Lebensparallelen wurden sichtbar. Sie war es denn auch, die in besonderer Weise wieder Lebensmut geben konnte. Sie ist es, die wieder Musik und Lyrik in mir wecken konnte, deren Arm sich auf meine Schultern legt und Liebe und Geborgenheit keine leeren Worte sein läßt. Liebe und Dankbarkeit erfüllen mich. Ein gütiges Schicksal fügte alles zusammen. Glaube, Liebe, Hoffnung: drei wichtige, starke Säulen unseres Lebens! Und dazu noch getragen werden von der Kraft der Musik.

Eine bemerkenswerte Zeit war für mich in den fünfziger Jahren auch die Mitwirkung im Städtischen Chor Flensburg, dessen oberster Leiter Generalmusikdirektor Heinrich Steiner war. Wer wahrer Musikfreund ist, besonders auch Anhänger von Opern- und Oratorienliteratur, der wird meine Gefühle hier sicherlich verstehen können.

Bachs MATTHÄUSPASSION, Mozarts REQUIEM, Bruckners TE DEUM, Beethovens SYMPHONIE NR. 9 (Schlußchor), ich könnte dabeibleiben aufzuzählen. Lehrer Petersen vermittelte auch ein Mitsingen im Opernchor, der oft verstärkt werden mußte. So wurde zu einem bleibenden Erlebnis auch die Mitwirkung in Glucks ORPHEUS UND EURYDIKE. Mal sanft, mal schmerzensreich erklingen hier die Chöre des ersten Aktes zum Gesang der Furien, und übrigens: Wer kennt wohl nicht die berühmte Arie des Orpheus im letzten Akt: „Ach, ich habe sie verloren!"

Erlebnisse, Szenen, Momente tiefer Einblicke, Sternstunden. Die Mitwirkung aber im Theaterchor, der in jenen Jahren nach dem Krieg oft verstärkt wurde, war stets Höhepunkt des Chorsingens für mich. Chordirektor hier und bis in die letzte Faser seines Herzens engagierter Lehrmeister war Caspar Alte. Die Gesamtleitung hatte auch hier GMD Heinrich Steiner.

Unvergeßlich auch die Aufführungen von Beethovens einziger Oper, FIDELIO, jenem großen Menschlichkeitsopus! Wer kennt nicht auch den berühmten Gefangenenchor: „O welche Lust, in freier Luft zu leben!" Und wie mächtig erklingt, von Chor und Solisten vorgetragen – das Finale auf Gattenliebe und Menschlichkeit!

Wenn man je von Dingen im Leben spricht, die uns etwas zu sagen haben: Die Oper FIDELIO wird dazugehören müssen! Und wenn man solcherlei Ereignisse auch noch mit außergewöhnlichen Gastsolisten erlebt – und ich durfte es ja auf der Bühne sehr hautnah miterleben –, dann meint man, daß es kaum Steigerungen geben könne.

Damals waren es Hermann Hansen, Bariton aus Dänemark, als Don Pizarro; Gladys Kuchta, Sopran aus den USA, als Fidelio/Leonore; Herbert Schachtschneider, Tenor aus Deutschland, als Florestan.

Als ich später aus beruflichen Gründen Flensburg verließ, trug ich verständlicherweise schwer an dieser Trennung. Ich vermißte ganz einfach etwas, das mein Leben gerade hier so nachdrücklich beeinflußt und geformt hatte. Aber auch woanders wird gesungen! Und allen Menschen, die der Musik zugetan sind, möchte ich zurufen: „Seid aktiv, sucht euch einen Gesangverein, singt, musiziert, erlebt das Gefühl, von einer wohltuenden, unsichtbaren Kraft getragen zu werden!"

Die Musik – ein Edelstein der Menschheit!

Im Verlauf meiner jugendlichen Wanderjahre, aber auch später habe ich mich immer wieder Gesangsvereinigungen angeschlossen, wobei mir Rendsburg (55/56), Cuxhaven (54/55) und Goslar (52/53) noch in besonderer Erinnerung geblieben sind. Vom Sängerbund in Schleswig-Holstein e. V., Präsident Klaus Bankonin, erhielt ich im Januar 1990 die Ehrennadel für über 25jährige Singetätigkeit.

Während meiner aktiven Zeit im Eutiner Männergesangverein von 1843 gab es unter der Leitung von Schul- und Chorleiter Hansjürgen Tiede immer wieder Erlebnisse, die nicht nur ein Sängerherz höher schlagen lassen, sondern die ganz einfach dazu angetan waren, den Menschen Freude, Erbauung, aber auch Verinnerlichung und Volkstümlichkeit zu schenken.

Im Jahre 1986, anläßlich des 200. Geburtstages von Carl Maria von Weber, wurde der MGV auch zu je einem Beitrag im Hörfunk und Fernsehen gebeten. Selbstverständlich gehörte hier auch der „Jägerchor" aus dem „Freischütz" zum festen Repertoire.

Was schönes Liedgut alles bewirken kann, zeigte ein Erlebnis mit dem MGV am Himmelfahrtstag 1987 in Lüneburg. Bei der Besichtigung des Domes packte es uns. Vorn im Altarraum stehend, formierten wir uns spontan zu einem Halbkreis und sangen auf Plattdeutsch und bei wunderbarer Akustik den herrlichen Chorsatz „Abendfreden“ von K. Stiehl, dessen letzte Strophe mit dem Satz endet: „Hör mi, du frame God!“

Leise, ganz piano beginnend, befanden wir uns im Verlauf einiger Crescendi und Decrescendi zum Schluß an einem beeindruckenden Fortissimo. Mehr und mehr Menschen kamen näher, nahmen auf den Bänken Platz, um andächtig zuzuhören. Am Schluß langes Schweigen.

Jeder ahnte wohl, was sich im Innersten der Zuhörer abspielte. Ähnliches erlebten wir später auch im Schweriner Dom und im Bad Doberaner Münster.

„Herr, deine Güte reicht so weit!“ Diese Chorkomposition von A. Grell und J. Christ endete hier mit einem wunderbar jubelnden Halleluja-Teil.

Ich verdanke auch persönlich den Eutiner Sangesbrüdern viel, hatten sie doch gerne und mit Erfolg einige meiner eigenen Chorkompositionen ins Repertoire aufgenommen, so z. B. „Wenn des Sängers Lied euch rühret“ und „In vino veritas“. Inzwischen hat sich eine ganze Anzahl von Eigenkompositionen, weltlicher und geistlicher Art, bei mir angesammelt, und ich werde in absehbarer Zeit ein eigenes Chorbüchlein zusammenstellen.

Es tat mir weh, eines Tages dem Eutiner MGV ade zu sagen. Mein Wunsch, anläßlich meines 60jährigen Geburtstages mein ursprünglich dem Verein gewidmetes Chorlied „Sängers Abendgebet“ einzustudieren, traf beim damaligen Vorstand auf taube Ohren. Man habe ja schon etliches von mir im Repertoire. Auch solches kann man erleben. Und ich habe erstmals und dann – Gott sei Dank – nie wieder zur Kenntnis nehmen müssen, daß es Vorstände geben kann, die durch Unflexibilität, Unvermögen in der Beurteilung aktuellen Liedgutes oder durch Beeinflußbarkeit von „Negativpersonen“ imstande sind, tragische Entscheidungen zu treffen.

Aber dem Himmel sei Dank – derartige Geschehnisse gibt es nur ganz selten in der Chorlandschaft. Deshalb ein Hoch dem deutschen Lied, wenn sich umfassender Chorgeist zu paaren versteht mit Anerkennung, Dankbarkeit, Fortschrittlichkeit und Freude am Liedgut, welches die Herzen der Menschen anspricht!

An dieser Stelle danke ich herzlich der „Gleschendorfer Liedertafel“ in Ostholstein, die unter meiner Leitung damals „Des Sängers Abendgebet“ einstudierte und mir später zum Abschied sang, als ich kurz vor dem Krebstod meiner Frau die Chorleitung wieder abgab.

Tränen standen mir und vielen in den Augen, als es im Text der letzten Strophe hieß: „Laß diese Töne klar und rein mein Dankgebet am Abend sein. Herr, schütze du mit deiner Hand das Land und seinen Liederklang!"
Die Kraft der Musik – ein Edelstein der Menschheit!
Als Leiter verschiedener Chöre habe ich als Ergebnis mannigfaltiger, harter Übungsarbeit wahre Sternstunden erleben dürfen:
Als Leiter des Bosauer Chores der VHS gaben wir im bundesweiten „Jahr der Chorwerbung" (1989) ein volkstümliches Chorkonzert, das in bedeutenswerter Weise und bei vollem Haus dem Anlaß Rechnung trug (Zitat OHZ). Auch ein Weihnachts-Chorkonzert in der altehrwürdigen Petrikirche zu Bosau, zusammen mit einigen Instrumentalsolisten, der Sopranistin Käthe Müller-Siepermann, bekannt u. a. von den Eutiner Festspielen, sowie mit Mary Martinsen (†) an der Orgel, bescherte uns einen wunderbaren Erfolg und den Zuhörern ein aufgehendes Herz.
Erwähnenswert ist auch meine seinerzeitige Chorleitung der „Singgemeinschaft Malente e. V.". Chorleitung ist immer ein Geben und Nehmen. Die Kraft der Musik und die Bereitschaft, in Gemeinschaft Großes zu vollbringen, ist Voraussetzung für alle Erfolge. Die hatten wir denn auch reichlich erarbeitet. Unter meiner – mit Verlaub gesagt – kreativen Leitung und Programmzusammenstellung erreichten wir die Herzen der Menschen. Mit romantischen, lyrisch-volkstümlichen Chorkonzerten, Doppelchorkonzerten mit Gastchören sowie als Gast auch die Eutiner Parforcehorn-Gruppe, Leitung: Bernd Runke.
In Zusammenarbeit zwischen Vorstand und Chorleitung und unter Würdigung des guten Leistungsstandes der Malenter SG war es auch möglich, einem „Rudolf-Schock-Gedächtnis-Konzert" in Malente zuzustimmen. Der aus Rundfunk und Fernsehen bekannte Tenor Joachim Kraus war am 4.9.94 Star dieses Abends. Sternstunden wiederum der Freude und Erbauung und einem Gleichklang der Herzen. Daß ich in Abstimmung mit Herrn Kraus im Rahmen dieses Konzertes auch eine eigene Chorkomposition – Dona nobis pacem – einbringen durfte, war wiederum eine sehr glückliche Fügung und persönliche Anerkennung.
Sehr oft, immer wieder, erinnere ich mich an Worte und Meinungen meines Flensburger Lehrers und Musikpädagogen: „Können ist eine ständige Herausforderung. Traumerfüllungen bedeuten Arbeit und ständige Herausforderung. Aktiv sein, um Erlerntes aktiv einzusetzen und stets weiter zu vervollkommnen. Nie lernt man aus, aber man darf fordern, um anzuspornen und Leistungsfreudigkeit zu fördern. Dies gilt auch für Chorleitungen, insbesondere wenn man Großes vorbereiten will."

Meine Traumerfüllungen?
Es begann mit der Mitwirkung in großen Gesangsvereinigungen, Theaterchören, Kirchenchören; später Leitung der verschiedensten Chöre; Texten sowie mannigfaltige Moderation von kulturellen Veranstaltungen lyrisch-musikalischer Art.
Als derzeitiger Leiter des Dannauer Gildechores (im Raum Malente/Ostholstein) habe ich mit etlichen Konzerten einschließlich Moderation eine m. E. wunderbare, gelungene Kombination von volkstümlicher und geistlicher Chormusik eingeleitet.
Traumerfüllungen?
Ja, immer wieder! Dank sei dem Himmel und einem gütigen Schicksal!
Zum Bücherschreiben (Lyrik, Erzählungen, auch Autobiographisches) kam ich erst relativ spät. Aber es ist nie zu spät, wenn man Ziele hat und wenn man den Menschen etwas zu sagen hat.
Wenn in diesem Kapitel viel von Musik die Rede ist, so soll auch die Festspielstadt Eutin an dieser Stelle genannt werden.
„Eutin bietet so viel!“ stand vor vielen Jahren auch einmal auf dem Poststempel. Und gemeint sind nicht nur die herrliche Wald- und Seenlandschaft, die Ostsee vor der Tür und die reizvollen Wanderwege, und auch nicht nur zwei herausragende Kantoreien, geleitet von KMD Martin West und von Bernd Runke, die beide beeindruckende Kirchenkonzerte veranstalten.
Da ist auch jene einmalig gelegene Freilichtbühne im Eutiner Schloßpark, die alljährlich anläßlich der Eutiner Sommerspiele namhafte Künstler zusammenführt, und dies seit über 50 Jahren!
Webers FREISCHÜTZ oder OBERON, Mozarts ZAUBERFLÖTE, Lortzings ZAR UND ZIMMERMANN, Beethovens FIDELIO, um nur einige Opernaufführungen zu nennen, und auch einige Operettenaufführungen werden ebenso angeboten wie diverse Gala0-Vorstellungen mit namhaften internationalen Sängern. Hier gastierten schon Hermann Prey, Karl Ridderbusch, Ivan Rebroff, Franz Grundheber, Bernd Weikl, um nur einige zu nennen.
Des Lebens wunderbare Fügungen, die mich immer wieder begleiten! Die Kraft der Musik, die uns alle tragen und emporheben kann aus mancherlei Tiefen auf unserer Lebensbühne! Die uns erfreuen kann, wenn wir selbst uns ihr öffnen!

Welttheaterbühnenbild?

Ihr, die ihr diese Welt bewohnt
und euch nach eignem Maß belohnt,
gebt acht! Und schafft ein Bühnenbild,
das aller Welten Hunger stillt!

Ihr, die ihr diese Welt verschönt
und euch an Glück und Macht gewöhnt,
gebt acht! Und schafft ein Bühnenbild,
wo Menschlichkeit und Liebe gilt!

Ihr, die ihr diese Welt zerstört
und Rat und Weisheit überhört,
gebt acht! Und schafft ein Bühnenbild,
das nicht mehr unsre Umwelt killt!

Ihr, die ihr diese Welt besingt,
mit Menschlichkeit den Sieg erringt,
umschlungen seid ihr, Millionen!
Dies Bühnenbild schafft Lebenszonen!

Der Dannauer Gildechor 1999 im Kursaal Bad Malente, Leitung: H. Petermann

Der Dannauer Gildechor vor einem Konzert in der St.-Johannis-Kirche, Neukirchen/OH.

Die Singgemeinschaft Bad Malente, Leitung H. Petermann, am 4.9.94, anläßlich eines „Rudolf-Schock-Gedächtnis-Konzerts" im Kursaal Malente, Solist: Kammersänger Joachim Kraus

Es folgen Liedtexte, die im Verlauf einiger Jahre von mir vertont und aufgeführt wurden:

Sängers Hymne an das Lied

O holde Kunst, o schönes Lied!
Du gibst dem Leben Stärke!
O holde Kunst, o schönes Lied!
Gib reinen Klang dem Werke!

Du bist bei mir auf lichten Höh'n
und in der Tage Dunkelheit.
Du läßt die Seele aufwärtsziehn
und führst mein Herz zu Fröhlichkeit!

O holde Kunst, o schönes Lied!
Mein Wirken ist dein Leben!

Sängers Abendgebet

Nun will ein Tag zu Ende gehn.
Hör du, o Herr, der Lieder Flehn!
Nimm gnädig an den Lobgesang
und Preis und Dank ein Leben lang!
Dona nobis pacem.

Es naht die Nacht und hüllt uns ein.
Gib du, o Herr, den Trost darein.
Des Sängers Lied sei dir zur Ehr
und aller Menschen Freud und Wehr!
Dona nobis pacem.

Laß diese Töne klar und rein
mein Dankgebet am Abend sein.
Herr, schütze du mit deiner Hand
das Land und seinen Liederklang!
Dona nobis pacem.

Wenn des Sängers Lied euch rühret ...

Wenn des Sängers Lied euch rühret,
reichet brüderlich die Hand.
Wenn der Freude Klang uns führet,
stimmet ein das ganze Land:
SINGE, WEM GESANG GEGEBEN!
TÖNE FORT, DU SCHÖNER SANG!

Auf des Lebens Sonnenpfaden
und auf dunkler Tage Weg,
auf des Glückes Himmelswagen
und des Leides Dornenbeet:
SINGE, WEM GESANG GEGEBEN!
TÖNE FORT, DU SCHÖNER SANG!

In des Lebens Frühlingstagen
und des Herbstes Abgesang,
in des Festes hohen Hallen
und des Domes Tröstergang:
SINGE, WEM GESANG GEGEBEN!
TÖNE FORT, DU SCHÖNER SANG!

Bei des Morgens hellem Lichte
und des Abends Kerzenschein,
bei der Arbeit nie verzichte
auf des Liedes Klang und Reim!
SINGE, WEM GESANG GEGEBEN!
TÖNE FORT, DU SCHÖNER SANG!

Hört, es singt ein festlich Chor!

Hört, es singt ein festlich Chor!
Freudenklang, er zieht empor!

Alle Lieder dieser Welt
und was uns zusammenhält,
was verbindet und verschönt,
was erklinget und ertönt,
alles ist so nah, so nah!
Lob sei dir, Frau Musica!

Hört, es singt ein festlich Chor!
Freudenklang, er zieht empor!

Alle Menschen dieser Welt
leben unterm Sternenzelt.
Wenn die Eintracht Einzug hält,
wenn sich Herz zu Herz gesellt,
sind sich alle Menschen nah!
Lob sei dir, Frau Musica!

Abendglocken rufen uns

Abendglocken rufen uns
nach des Tages Lauf,
läuten uns in Herz und Sinne,
schließen Hoffnung auf.

Abendglocken läuten nun
dir und mir zu Ruh.
All' Gedanken, alle Dinge
ziehn dem Himmel zu.

Abendglocken, nah und fern,
sind wie ein Gebet.
Und durch Dunkelheit zum Lichte
neuer Tag entsteht.

Waldlied

oder: Du schöner Wald sollst leben!

Was nützet uns die Liebe
und was alles Geld und Gut!
Der Wald verliert die Triebe,
und mich packt die blanke Wut!
Warum muß er so leiden,
und wieso geht's ihm so schlecht?
Die Umwelt macht ihn nieder,
ja, wo bleibt sein Lebensrecht?!

Refrain

Die Menschheit fliegt im All herum
und forscht nach mancherlei.
Der Wald indes steht gelb und braun,
wer denkt sich was dabei?!
Wir woll'n, daß alle Kinder hier
in heiler Welt gedeihn,
und wenn hier nichts geschieht,
dann wird man niemals uns verzeihn!

Refrain:

DU SCHÖNER WALD SOLLST LEBEN!
FÜR UNS UND FÜR DIE WELT!
IM GRÜN LIEGT HEIL UND SEGEN
FÜR FLUR UND WALD UND FELD!
WEIL WIR DIE ERDE LIEBEN,
DARF WALD NICHT UNTERGEHN!
NUR WENN ER GRÜN GEBLIEBEN,
DANN KÖNNEN WIR BESTEHN!

Wanderlied

Wohlan, wohlauf! Wir laden ein zum Wandern!
Wohlan, wohlauf! Von einem Ort zum andern!
Vorbei an vielen schönen Seen,
so ziehen wir durch Wald und Höh'n;
die Wanderlieder klingen,
wenn wir beim Wandern singen!

Wohlan, wohlauf! Wir laden ein zum Wandern!
Wohlan, wohlauf! Von einem Ort zum andern!
Wenn alles grünt und alles blüht,
die Sonne hell am Himmel steht,
dann gibt das Wanderleben
uns reichlich Gottes Segen!

Wohlan, wohlauf! Wir laden ein zum Wandern!
Wohlan, wohlauf! Von einem Ort zum andern!
Und endet dann ein schöner Tag,
ein jeder sich besinnen mag,
daß sie erhalten werde,
die schöne Mutter Erde!

Jagdlied

Es hallt in den Wäldern der Jagdgesang,
man höret den lustigen Hörnerklang
und horchet dem lustigen Treiben! Trara! Trara!

Wohlauf in die Forsten zum Jagen!
Was nützet uns Zaudern und Zagen,
ein fröhliches Herze gewinnt! Trara! Trara!

Und haben wir reichlich beladen
zu glücklichen Heimkehr geblasen,
dann lacht unser fröhliches Herz! Trara! Trara!

Musik und Tanz

Musik und Tanz, das ist im Leben
ein wunderbares Medium!
Gelöst und froh dahinzuschweben,
ist herrliches Refugium!

Ob Schlager, Walzer, Volkstanzweisen,
stets kommt das Herz zu neuem Schwung!
Und will mal Schwermut dich vereisen,
dann sing ein Lied und tanz dich jung!

Ob Frühling, Sommer, Herbst und Winter,
Musik und Tanz kennt keine Zeiten!
Und jeder Mensch kommt mal dahinter:
Man soll sich Heiterkeit bereiten!

Drum bleibt Musik und Tanz im Leben
ein wunderbares Medium!
Gelöst und froh dahinzuschweben,
ist herrliches Refugium!

Fröhliches Willkommen

Willkommen, all ihr Freunde hier,
in dieser schönen Runde!
Ein frisches Lied, ein gutes Bier
zum Frohsinn dieser Stunde!

Willkommen, all ihr Freunde hier,
und öffnet Herz und Sinnen!
Laßt uns zu unsrer Freude Zier
mit Fröhlichkeit beginnen!

Willkommen, all ihr Freunde hier,
und laßt die Sorgen fliehen!
Mit Lust und Laune wollen wir
in diesen Abend ziehen!

In vino veritas

Wer kennt wohl nicht den edlen Tropfen,
der uns viel Freud' und Frohsinn schenkt,
der uns in allen Lebenslagen
mit Fröhlichkeit bedenkt!

Es ist der gute Rebenwein,
so golden und so rein!
Es lebe hoch das edle Naß!
In vino veritas!

Wer kennt wohl nicht die Sonnenberge,
wer kennt wohl nicht der Reben Pracht!
In allen unsren Erdentagen
hat sie uns angelacht!

Es ist der gute Rebenwein,
so golden und so rein!
Es lebe hoch das edle Naß!
In vino veritas!

Wer kennt wohl nicht das Lied vom Weine,
wer kennt wohl nicht den guten Geist,
der uns zu allen frohen Stunden
ein kleines Glück verheißt!

Es ist der gute Rebenwein,
so golden und so rein!
Es lebe hoch das edle Naß!
In vino veritas!

XI

Advent und Weihnachten

Advents- und Weihnachtszeit – die schönste, innigste, besinnlichste Zeit des Jahres. Freude und Vorfreude; Erlebnisse und Erinnerungen keimen auf; aus der Kinder- und Jugendzeit ebenso wie aus der Zeit des Erwachsenseins. Gutes oder erlebt Schicksalhaftes macht uns nachdenklich und läßt Glücksjahre und Schicksalsjahre in Gedanken vorüberziehen.

Im Lichte von Advent und Weihnachtszeit aber steht die frohe Botschaft von der Geburt Jesu im Vordergrund, umrankt von den Liedern und Geschichten, die uns eigentlich schon von Kindesbeinen an begleitet haben.

So möchte auch ich mich an dieser Stelle zunächst an Kindheitstage erinnern, bevor auch ernstere bzw. besinnliche Gedanken und Erinnerungen hier ihren Platz bekommen.

Es war einfach wunderbar, wenn Großmutter uns besonders in der Advents- und Weihnachtszeit auf den Schoß nahm, ein Lichtlein anzündete, den Zeigefinger bedeutungsvoll erhob und zu uns sagte:

„Advent, Advent,
ein Lichtlein brennt!
Erst eins, dann zwei, dann drei, dann vier,
dann steht das Christkind vor der Tür …“

Heute, erwachsen und reich an Erfahrung und reich an Jahren, formuliere ich folgendermaßen:

Advent

„Advent, Advent! Ein Lichtlein brennt!“ –
so singen Jung und Alt.
Jetzt naht der Menschen schönste Zeit,
die Herzen öffnen sich ganz weit,
und es ist Weihnacht bald.

„Advent, Advent! Ein Lichtlein brennt!“ –
so tönt’s in allen Räumen.
Ein Tannenzweig im Lichterschein,
Erinnerungen, zart und fein,
und man beginnt zu träumen.

„Advent, Advent! Ein Lichtlein brennt!“ –
so künden viele Lieder.
Im Stall von Bethlehem gebor’n,
als unser Heiland auserkor’n,
ist Jesus Christus Sieger.

„Advent, Advent! Ein Lichtlein brennt!“
In Hoffnung lebt die Welt.
Es mehret sich der Lichterglanz,
die Freude, sie erfaßt uns ganz
und hat das Herz erhellt!

Die Weihnachtswolke

Eine kleine Weihnachtsgeschichte, wie sie doch in vielen Familien mit Kindern so oder in ähnlicher Weise vorgelesen wird. Eine kleine Weihnachtsgeschichte – kindlich, vielleicht etwas unwirklich anmutend in unserer so maßlos realistischen Zeit –, und wir erinnern uns dennoch an unsere Kinderzeit, die im Dezember immer etwas Geheimnisvolles und doch so Wunderbares an sich hatte …

Jutta und Susi waren wieder einmal bei ihrer Großmutter zu Besuch. Fast jeden Sonntag fuhren sie hinaus zu ihr in den Vorort der großen Stadt und freuten sich schon immer riesig auf diesen Tag.
Besonders an dunklen Wintertagen, wenn es draußen recht kalt und ungemütlich war und drinnen in der Ofenecke so behaglich warm, wenn die Adventszeit nahe war und vielleicht schon ein Kerzlein brannte und einige Äpfel in der Ofenröhre brutzelten, dann wußte die Großmutter immer viele spannende und geheimnisvolle Geschichten zu erzählen, von Zwergen und Feen, von Engeln und Glöcklein, von Mendelkuchen und Nußknackern, Glitzersternchen und von allerlei schönen Dingen mehr.
„Ach bitte, Großmutter, erzähl uns heute wieder etwas von der Weihnachtswolke“, baten die Kinder.
„Ja, wißt ihr denn eigentlich schon, warum die immer so besonders weiß und groß ist?“ fragte die Großmutter.
„Nein, bitte erzähl es uns!“
Und so begann sie:
„Es war in einem der großen Sternensäle, die der liebe Gott da oben im Himmel hat. Dort, wo er all seine Vertrauten zusammenruft, seine Englein und Sternlein, St. Nikolaus und all die guten Zwerge, die zusammen mit den Englein dem Weihnachtsmann bei der Herstellung der vielen, vielen Spielsachen helfen. Und wieder einmal war es so weit, daß die Weihnachtszeit vor der Türe stand und der Weihnachtsmann hinunter auf die Erde mußte, um allen artigen Kindern ihre Puppen und Eisenbahnen, Baukästen und Rodelschlitten, Puppenwagen und Kleidchen und vieles andere mehr zu bringen. Noch einmal ging der Weihnachtsmann in den großen Sternensaal, um sich wegen der großen, langen Reise zur Erde zu verabschieden, bevor er den Wolkenwagen bestieg.
Einige kleine Englein waren besonders traurig und weinten, ja, sie weinten so sehr, daß der Weihnachtsmann Mühe hatte, sie zu trösten. All die Tränlein aber,

die sie weinten, sammelten sich zu einer großen, weißen Wolke. Schneeweiß war die, denn es waren ja klare, reine Engelstränen.
Auf dieser Wolke schwebte der Weihnachtsmann dann zur Erde. So ist es Jahr für Jahr, und wenn er sich ganz besonders über die vielen artigen Kinder freut, dann läßt er diese Wolke als Schneeflocken zu uns kommen. Dann ist die Erde ganz weiß und weihnachtlich, und alle Menschen singen ihre schönsten Lieder."

Weihnachtsgedanken

Weihnachten, Fest des Friedens, der Besinnung, der großen Freude, der Liebe Gottes, der Geburt Jesu.
Ein Hoffnungsstrahl, ein Zeichen für alle Menschen, die guten Willens sind.
Frieden auf Erden und den Menschen ein Wohlgefallen!

Welcher Sinn, welche Kraft steckt doch hinter dieser Aussage, hinter diesen Worten aus der Weihnachtsgeschichte. Eine Geschichte, die Kirchen füllt. Eine Geschichte, die selbst Kriegsgeschrei, jene Untugend der Menschheit, für eine kurze, menschliche Zeiteinheit verstummen läßt.
Frieden auf Erden.

Im Lichterglanz von Advent und Weihnachtszeit überkommt uns Menschen immer ein besonderes Gefühl der Verinnerlichung, der Herzenswärme, des Vertrautseins, der Zusammengehörigkeit.
Könnte es nicht immer so sein?
Stille Nacht, Heilige Nacht.
Frohe Botschaft, allen Menschen dargebracht!

Wie unterschiedlich auch der Adventskranz oder der Christbaum geschmückt sein mögen, wie reich oder wie kärglich ein Gabentisch auch gedeckt sein mag, es ist die Weihnachtsgeschichte, die das einzig Entscheidende ist.

Was nützen alle Werte menschlicher Prägung, wenn Herz und Seele darben!
Frieden, Menschlichkeit, Gemeinsamkeit.
Nur Weihnachtsgedanken? Schenken wir uns Besinnung!
In Hoffnung lebt die Welt!
Frieden auf Erden und den Menschen ein Wohlgefallen!

Alle Jahre wieder …

(Gedanken zur Weihnachtszeit)

ALLE JAHRE WIEDER … So beginnt ein uns allen bekanntes weihnachtliches Lied. Und unsere Gedanken schweifen bewegt zurück in die Gefilde der Vergangenheit. Erinnerungen werden wach.
Wie war es denn damals? In der Kindheit und Jugendzeit, der Erwachsenenzeit, der Kriegs- und Notzeit, der gut behüteten Zeit, vielleicht auch der heimatlichen Zeit?! Es waren doch immer wieder die gleichen schönen Lieder, die wir hörten und mitsangen, die uns und unsere Lieben bewegten:

… Macht hoch die Tür, die Tor macht weit …
… Vom Himmel hoch …
… Es ist ein Ros' entsprungen …
… O Tannenbaum …
… O du fröhliche, o du selige, gnadenbringende Weihnachtszeit …
… Stille Nacht, heilige Nacht …
… Alle Jahre wieder …

Und es war und blieb immer die gleiche Geschichte, die wir von Kindesbeinen an kannten und die uns immer wieder verkündet wird: die Weihnachtsgeschichte. Bewegend, tröstend, Hoffnung setzend, Freude bringend, und das heißt denn auch beseelt werden von den Gedanken, daß wir doch alle eine große Familie sind – oder sein sollten!

Weihnachten, das Fest der Liebe, des Innerlich-zufrieden-Werdens, der fröhlichen Lieder, aber auch der Stille und der Besinnung.
Selbst der abendliche Gang durch die Straßen einer Stadt, vorbei an weihnachtlich geschmückten Fenstern, vielleicht auch ein Blick hinauf zum Sternenhimmel, das alles beschert uns ein Gefühl ganz besonderer Art.
Und wenn man Glück hat, hört man in der Ferne einen Chor, der Weihnachtslieder singt.

Da fällt mir ein kleines Gedicht ein, das ich an einem vorweihnachtlichen Abend niederschrieb, nachdem ich durch verschiedene Straßen und Gassen einer Stadt gegangen war:

Weihnachtsbäume, Glitzersterne,
und ein Chor singt in der Ferne.
Lieblich klingt's in kalter Nacht,
und ich habe nachgedacht.
Dieses Singen, dieses Freuen!
Niemand kann es je bereuen!
Zwanzig Verse bei LUKAS ZWEI:
Die Weihnachtsgeschichte
macht froh und frei!

Das ist die Botschaft; alle Jahre wieder!
Und in den vollen Kirchen dieser weihnachtlichen Tage wird so mancher von uns der Besinnung näher sein als an anderen Tagen. Und auf mancherlei Fragen nach dem Sinn des Lebens, leuchtet im Herzen eine Antwort auf –
in stiller Nacht, in heiliger Nacht;
alle Jahre wieder.

Tannenbaum und Weihnachtslicht

Diese wahre Geschichte ereignete sich im Dezember des Jahres 1945, kurz vor Weihnachten, in Stettin. Vor sieben Monaten war ein schrecklicher Krieg zu Ende gegangen, und wer noch hoffen durfte, in eine halbwegs heile Wohnung zurückkehren zu können, der tat dieses.

Friede auf Erden.

Frieden?

Hunger, Kälte, bittere Not regierten. Um zu überleben – manche schafften es nicht –, mußte ein Teil der letzten Habseligkeiten auf dem sogenannten „Schwarzmarkt" gegen etwas Geld, Brot oder andere Naturalia eingetauscht werden.

Weihnachten rückte näher, das Fest der Liebe. Mein Freund Erhard Hasenbank und ich, wir wollten es wagen, aus einem am Stadtrand gelegenen Wald einige Tannenzweige zu besorgen.

Dort angekommen, kam uns ein Leiterwagen entgegen, von zwei Pferden gezogen, beladen mit etwa 20 Tannenbäumen. Drei Zivilisten saßen vorne; sie sprachen eine fremde Sprache und hatten wohl schon einen kräftigen Schluck gegen die Kälte getrunken. Wir versteckten uns hinter einem Gebüsch, der Wagen holperte vorbei, als wir sahen, daß ein kleiner Tannenbaum unbemerkt von den Männern vom Wagen fiel.

Sollte das ein Geschenk des Himmels sein für uns arme Schlucker? Sollte es wirklich geschehen, daß wir ein kleines Tannenbäumchen mit nach Hause bringen könnten?

Wir beide schauten uns an, nickten uns zu und hoben das Bäumchen auf, als der Wagen außer Sichtweite war.

„O Tannenbaum, o Tannenbaum!" klang es in unseren Köpfen, und wir beeilten uns heimzukommen, was uns aber nicht so einfach gelingen sollte.

Auf halbem Wege kamen uns Milizsoldaten entgegen.

„Du nix Weihnacht! Du Kommandantura!"

Uns sank das Herz vor Schreck und Angst bis in die Hose.

Man bedeutete uns voranzugehen, und wir taten, wie uns geheißen ward.

Der Weg zur Kommandantur führte uns vorbei an den elterlichen Wohnungen. Wir bemühten uns, nicht hinzuschauen. Es wäre wohl für die Familien gefährlich geworden.

Auf der Kommandantur entriß man uns das Bäumchen. Wir mußten uns nacheinander über einen Stuhl legen, wurden festgehalten und bekamen einige saftige Hiebe mit einem Stock.

Nach dieser Prozedur – uns war elend zumute – jagte man uns davon.
Wir liefen und liefen, als ginge es um unser Leben. Niemand schien uns zu verfolgen, und nachdem wir vorsorglich noch einen kleinen Umweg gelaufen waren, erreichten wir außer Atem und restlos erschöpft die elterlichen Wohnungen. Alle fielen sich um den Hals und waren froh, sich wiederzusehen.
Mein Freund und ich, wir schworen uns, nie wieder solche Exkursionen zu unternehmen.
Und dann kam der „Heilige Abend“.
Wir saßen in der noch heilen Küche am Tisch. Im Herd knisterte ein kleines Feuer, denn wir hatten einen alten Küchenstuhl zerlegt.
Ein kleines Lichtlein brannte; es war eines von den wenigen Talglichtern, die wir aus der Zeit der Bombenangriffe und der Aufenthalte in Luftschutzkellern sorgsam hinübergerettet hatten in diese erste Nachkriegszeit.
Friede auf Erden.
Oma nahm ihre kleine Bibel und begann, aus dem Lukas-Evangelium Teile der Weihnachtsgeschichte zu lesen.
„Fürchtet euch nicht!
Siehe, ich verkündige euch große Freude, die allem Volk widerfahren wird; denn euch ist heute der Heiland geboren, welcher ist Christus, der Herr … Ehre sei Gott in der Höhe und Frieden auf Erden und den Menschen ein Wohlgefallen.“
Das kleine Feuer im Herd war inzwischen erloschen.
Draußen war es bitterkalt.
Wir hatten uns eine alte Decke umgelegt und schauten stumm in das Licht der Kerze.
Unsere Augen wurden feucht.
Stille Nacht, heilige Nacht …
Erinnerungen kamen hoch. Vergangenheit wurde wach. Friedensweihnachten und trautes Familienzusammensein. Hausmusik und Weihnachtsliedersingen. Leuchtende Augen unterm liebevoll geschmückten Weihnachtsbaum.
Herzen im Gleichklang, Weihnachtsgeschichte.
Drei Monate später, im März 1946, begann die Umsiedlung nach Schleswig-Holstein. Es hieß Abschied nehmen, denn die Oder-Neiße-Regelung nach Kriegsende nahm uns die angestammte Heimat.
Ade, alte Heimat!
Ein letzter Blick zurück in die alte Wohnung, in der soviel Familiengeschichte gelebt und geschrieben worden war und in der wir beim Schein einer einzigen

Kerze, in der Küche sitzend, den Heiligen Abend 1945, den letzten in der alten Heimat, verlebt hatten.
Hoffend auf eine glückliche Zukunft, vertrauend auf ein friedliches Wunder in den Köpfen der Menschen und ihrer Führer, glaubend an eine Zeit des Friedens auf Erden.
Die Wohnungstür fiel ins Schloß; ein Rucksack, zwei Koffer und das Herz voller Wehmut.
Aber die Erinnerung an diese Zeit, in der selbst eine einzige Kerze soviel Licht und Kraft in Herz und Seele brachte, sie ist wach geblieben bis zum heutigen Tage und war oft wie das Licht eines Leuchtturms in tosender See.
Friede auf Erden
und den Menschen ein Wohlgefallen!

Mein eigenes kleines Literaturarchiv beherbergt nicht nur eigene Lyrik, Erzählungen und Manuskripte zu Themen des öffentlichen Lebens, sondern hier liegen auch eigene Texte und Chorkompositionen, die in Druck gehen sollen …
Hier nachstehend liest man die Texte zweier weihnachtlicher Chorkantaten, die ihre erfolgreiche Uraufführung am 5.12.99 in der St.-Johannis-Kirche in Neukirchen hatten.

SOLI DEO GLORIA

Nun kommt die schöne Weihnachtszeit,
hat frohe Botschaft auch bereit.
Ein Kindlein in der Krippe fein
soll Gottes Sohn und Heiland sein! Halleluja!

In Bethlehem zur stillen Nacht
hat Gott die Türen weit gemacht.
Bei allen Menschen, groß und klein,
da kehrt nun Gottes Segen ein. Halleluja!

O Christuskind im Lichterglanz!
Nicht nur an Weihnacht woll'n wir ganz
auf dich und Gott, den Vater, bau'n,
auf daß wir deine Liebe schau'n! Halleluja!

Frohlocket, ihr Völker im Erdenrund!
Es tut sich in Gnaden der Vater euch kund!
Nach Bethlehem schauet, zu Krippe und Stall,
wo Christus geboren!
O jauchzet ihm all!

CANTATE DOMINO

Cantate Domino! Gloria in excelsis Deo!
Wenn, o Herr, aus Himmels Höhen
Deine Gnade uns beschenkt,
wenn in weihnachtlichem Glanze
Deine Lieb' die Herzen lenkt,
wollen wir im Schein der Kerzen
preisend an der Krippe stehn.
Cantate Domino!

Heil'ge Nacht mit hellem Schein,
dring in unser Herz hinein!
Jesu Kommen hat genommen
aller Erden Angst und Pein!
Jesu Leben will uns geben
Gottes Segen klar und rein! Halleluja!

Heil'ge Nacht mit Trösterschein,
gib den Menschen Frieden ein!
Zeigst der Welt den Himmel offen,
holder Knabe, Gottes Sohn!
Läßt im Glanz der Weihnacht hoffen,
segnest uns mit jedem Ton. Halleluja!

Heil'ge Nacht, so klar und rein,
sollst uns Weg und Labsal sein!
Freuet Euch, Ihr Christen alle!
Jesus Christus ward gebor'n!
Danket Gott mit hellem Schalle,
und die Welt geht nicht verlor'n! Halleluja!

XII

Menschlichkeit, heile Welt, Lebensnähe

Menschlichkeit ist einer von vielen Wegen
zum gegenseitigen Verstehen!

Wahrhaftigkeit ist eine von vielen Brücken,
die wir benutzen sollten!

Hoffnung ist eine von vielen Kräften,
die uns begleiten sollten!

Heile Welt

Heile Welt, bist du zu finden!?
Kann man dich an Menschen binden?
Die Vergangenheit spricht Bände!
Gegenwart sind unsre Hände!
In der Zukunft lockt das Glück;
schaffe, schaffe Stück für Stück!

Immer tat der Mensch nur denken.
Kann er auch das Schicksal lenken?
Hat er wirklich noch die Kraft,
die uns heile Welt verschafft?

Nur der Himmel kann's wohl fügen;
Menschen tun sich oft belügen.
Gott sprach einst sein großes WERDE
für die schöne, grüne Erde.
Heile Welt ist Menschenpflicht!
Lebet und vergeßt es nicht!

Der Traum

Ich lass' mir meinen Traum nicht nehmen
von einer Welt, die nicht mehr haßt;
von Menschen, die in Frieden leben,
wo alles recht zusammenpaßt!

Ich lass' mir meinen Traum nicht nehmen
von einer Erde, schön und grün;
wo auch nach Tausenden von Jahren
noch Wald und Blumen still erblühn!

Ich lass' mir meinen Traum nicht nehmen
von Menschen, die sich gut verstehn.
Wo Glaube, Liebe, Hoffnung wohnen,
da kann kein Leben je verwehn!

Hochmut und Menschlichkeit

Hochmut, scheint mir, ist alltäglich.
Enden wird er meistens kläglich!
Denn wenn die Fassade bricht,
bleibt nur noch ein kleiner Wicht!

Kleider machen manchmal Leute.
Voller Hochmut sind sie heute.
Und schaut man beherzt dahinter,
ist die Seele kalt wie Winter.

Deshalb lob' ich mir im Leben
Freundlichkeit statt Hochmutstreben!
Hut ab auch vor Einfachheit!
Oft steht sie für Menschlichkeit!

Was wirklich zählt

Der Mensch zieht rastlos seine Bahn.
Er schafft und waltet alle Zeit.
Hat hohe Ziele, einen Plan
und driftet meilenweit.

So sucht ein jeder seinen Platz,
will meist nur das, was optimal.
Die Suche nach dem wahren Schatz
wird oft genug zur Seelenqual.

Des Lebens Glück, des Herzens Stimme,
oft ist es fern, was doch so nah.
Man sucht sein Ziel mit wahrem Grimme
und merkt nicht, was da sonst geschah.

Was wirklich zählt auf dieser Welt,
ist Menschlichkeit und Liebe.
Man kriegt sie nicht für Gut und Geld,
nur durch des Herzens Triebe!

Kritische Betrachtung

Die Welt, in der wir wohnen,
die Meinung, auf der wir thronen,
die dicke Haut, die uns belastet,
die Stolzheit, die uns angelastet,
die harte Schale, die uns trennt,
die Gier nach mehr, die uns verbrennt,
die Mißgunst, die uns stets verleitet,
die Eitelkeit, die sich verbreitet,
die Feindschaft, die ein Leben spaltet,
die Sturheit, die den Geist verwaltet –

mir fällt zu allem nichts mehr ein,
es sei denn, man will besser sein.

Bedenke

Bedenk, wo deine Grenzen liegen,
und sag nicht, daß sich Balken biegen!
Gar mancher schlüpft in Pfauens Rock
und geht – erkannt – nachher am Stock!

Bedenk, was machbar ist im Leben!
Nicht immer kann man Goldnes weben!
Auch Schwarzbrotesser werden satt!
Bei Hochmut wird es tückisch glatt!

Bedenk, wie schnell ist man im Keller!
Will man zuviel, geht's immer schneller
bergab in böses Einerlei!
Es bleibt nur Augenwischerei!

Bedenk, warum es besser geht,
wenn man sich achtet und versteht!
Mit Einsicht, auch wenn man ergraut,
hat man noch nie auf Sand gebaut!

Lebensnähe

Lebensnähe leicht gemacht,
das ist, wenn das Herz entfacht;
wenn wir geben ohne Neid,
wenn wir teilen alles Leid.

Lebensnähe leicht gemacht,
das ist dasein, still und sacht;
wenn wir helfend Hilfe geben,
wenn Gemeinsamkeit wir pflegen.

Lebensnähe leicht gemacht,
das ist wie ein Licht zur Nacht;
wenn wir unser Glück begreifen,
wenn zu Menschlichkeit wir reifen.

Der Punkt

Es ist im großen Weltgetriebe
der Einzelmensch doch nur ein Blatt.
Da setzt die Mehrheit – sich zuliebe –
ihn sang- und klanglos oft schachmatt.

Was nützt es oft, sich einzuriegeln,
man schaut auf ihn und lästert laut;
die Falschheit tut sich widerspiegeln,
wie oft hat man auf Sand gebaut!

Wie wär's, wenn alle sich besinnen?!
Nur in Gemeinschaft ist man groß!
Man kann durchaus von vorn beginnen
und zieht damit das große Los!

Nur eine Kleinigkeit auf Erden
ist jener Punkt, der alle eint:
Aus Feindschaft muß Gemeinschaft werden,
damit sich Welt und Frieden reimt!

An alle

Menschen dieser Erde,
kämpft für alles WERDE!
Gebt der Zukunft Leben!
Das sei euer Streben!

Menschen dieser Welten,
sprecht nicht von Vergelten!
Laßt bei eurem Wissen
nicht Vernunft vermissen!
Menschen aller Farben,
Wunden laßt vernarben!
Hand in Hand für Gott und Welt!
Das nur uns zusammenhält!

Es wär' so schön, ein Mensch zu sein!

Es wär' so schön, ein Mensch zu sein;
noch besser, es zu bleiben!
Und laß dich nie als Gegenwehr
bis hin zur Weißglut treiben!

Es wär' so schön, ein Mensch zu sein
im Tun und im Verstehen!
Und deshalb lasse man sich nie
vom Tageslauf verwehen!

Es wär' so schön, ein Mensch zu sein,
voll Hoffnung im Getriebe!
Und wenn die Welt voll Teufel wär',
es siegt das Lied der Liebe!

Es wär' so schön, ein Mensch zu sein
in Nord und Süd, in West und Ost!
Und ob du's glauben willst, ob nicht:
Dann schwindet Lebensfrost!

Schnee von gestern
oder: Nimm Erfahrung in Verwahrung

Schnee von gestern – hört man sagen –
sind die Dinge, die vergangen,
die schon abgehakt seit Tagen
und nicht mehr im Lichte prangen.

Schnee von gestern – sagen Leute –
ist ein Fall, der nichts mehr bringt;
nur was aktuell ist, heute,
wird beachtet und bezwingt.

Schnee von gestern – recht bedacht –
brachte aber auch Erfahrung!
Ob nun gut und ob nun schlecht,
nimm sie in Verwahrung!

Lob und Meckern – Fördern statt Kleckern!

Ein Lob, zur rechten Zeit gesprochen,
ist häufig stärker, als man glaubt,
denn: Hat ein Mensch Erfolg gerochen,
dann fühlt er sich auch aufgebaut!

Das Meckern ist zwar weit verbreitet,
auch Besserwisser gibt es viel,
doch ist man ständig fehlgeleitet,
wenn man nicht sieht das große Ziel!

So sag' ein jeder seine Meinung,
doch mit Bedacht und wohlgesetzt.
Auch nützet keine Pechbeweinung,
wenn uns einmal das Glück versetzt!

Es kommt der Tag der reichen Ernte!
Was man erstrebte, es wird wahr!
Wie gut, daß man einst Lob gesammelt,
denn nur Erfahrung kocht uns gar!

Lebenslauf, du Schicksalsmacht!

Spüren wir es nicht alle? Täglich, stündlich begleitet sie uns. In ihrem Gefolge sind Freude und Leid, Trost und Hoffnung, Stürme und Sonnenschein, Erfahrungen und Besinnlichkeit.
Kraft schöpfen in mancherlei Hektik unserer Zeit; nachdenken in einer besinnlichen Stunde, die man sich schenkt; Hoffnung empfangen – was wären wir ohne sie!
Ob geboren in der heilsamen Stille einer Nacht, ob gegeben als Zeichen des Miteinanders, ob wiedererlangt nach großer Enttäuschung, ob wahrgenommen als Signal des Lebens oder empfangen nach einem stummen Gebet – Hoffnung ist Leben. Wir alle brauchen sie.
Schicksal, Prüfstein und Begleiter unseres Lebens! Hindernisse, schier unüberwindbar und doch dank einer glücklichen Fügung begehbar. Sternstunden des Lebens, voller Einsicht und Weitsicht, erfüllt von einigenden Gedanken und dem Bemühen, einander zu verstehen, aufeinander zuzugehen, um miteinander das zu erreichen, was ein Gegeneinander niemals zu schaffen in der Lage sein wird.
„Seid umschlungen, Millionen …!“
So wie es schon Schiller in seiner Ode „An die Freude“ so treffend formulierte und wie es ein Ludwig van Beethoven im Schlußsatz seiner 9. Symphonie so meisterhaft in Musik umzusetzen wußte. Oder – wie heißt es doch in einem Text Schikaneders für des großen Mozarts Oper „Die Zauberflöte“ so treffend: „Wen diese Lehren nicht erfreun, verdienet nicht, ein Mensch zu sein!“
Stehen wir alle zu solcherlei Bekenntnissen!
Das Leben, das uns umtost, ist farbig, fordernd, gebend. Was wir denken, fühlen, tun oder sollen, es wird bestimmt von vielen Wünschen und Hoffnungen und einem mehr oder auch weniger gütigen Schicksal.
Es sprach ein Goethe einst von einem Schicksal, das so gewaltig sein kann, wenn es kommt; und höchstes Lob zollt er dem Menschen, der voller Mut sein Schicksal unerschüttert trägt!
Und Glück, das muß in Herz und Seele reifen.
Nur dann wirst du bewegt begreifen, wie es dich trägt,
das Schicksal.

Probleme

„Probleme hat nur, wer sie macht!“
So hat mal einer laut gedacht.
„Du schläfst dann eine Nacht mal drüber,
und schon hat dich das Leben wieder!“

„Probleme soll man fallenlassen!“
So sprach ein Mensch; ich kann’s nicht fassen.
„Du mußt dir stets der Nächste sein,
dann holt das Unheil dich nicht ein!“

„Probleme haben nur die Schwachen!“
So klärt dich einer auf mit Lachen.
„Stemmst du die Arme in die Seiten,
wird fortan dich das Glück begleiten!“

Ich wünsche jedem mal Probleme!
Und nie den weisen Rat: Man nehme …
Nur wer auch mal am Leid genesen,
den nenne ich – ein starkes Wesen!

Zukunftsvision

Grenzenlos und voller Kraft ist des Menschen wahre Liebe.
Wo sie einmal haltgemacht, pflegt man ihre Triebe.

Paß und Visa sind passé! Menschen tun sich nicht mehr weh!
Einigkeit, wohin man schaut! Und in Frieden man ergraut!

Waffen mahnen in Museen, daß mit ihnen Welten gehen!
Menschlichkeit, wohin man sieht! Glauben durch die Seelen zieht!

Dieser Erdball kann's erreichen! Stellt dazu beherzt die Weichen!
Alle Hoffnung, alles Leben sei von Eintracht stets umgeben!

Die zwei Seiten

Mancher Mensch hat seine Macken;
schwierig ist's, die Nuß zu knacken.
Willst du hü, dann will er hott,
manchmal kommt man nicht zu Pott.

Jedes Ding hat ja zwei Seiten.
Pferd und Esel kann man reiten.
Wichtig ist es nur im Leben,
daß man hat ein Vorwärtsstreben!

Alles geht einmal vorbei.
Einmal nur gibt es den Mai.
Aber auch die Winterzeit
hält ein Glück für dich bereit!

Von der Wiege bis zum Grabe
läuft das Leben wie im Trabe,
geht's bergauf und geht's bergab,
kneift das Schicksal nicht zu knapp.

Hell und dunkel sind die Wege,
fest und schwankend auch die Stege;
alles hat sein Für und Wider,
bis man schließt die Augenlider.

Bist du traurig, werde heiter!
Immer geht das Leben weiter!
Denkt man heut von dir auch schlecht,
morgen kriegst auch du dein Recht!

Hornhaut

Der Mensch, als er geboren ward,
war in der Seele rein und zart;
man hegte und man pflegte ihn,
beschützte ihn, wenn Not erschien,
und wünschte Glück fürs Leben.

Die Zeit verging, er sah und dachte;
der Griff des Lebens kam ganz sachte,
die Gangart wurde schneller, härter,
sein Schicksal fordert! Das erfährt er.

Jetzt wächst ihm schon ein dickes Fell
und Hornhaut auf der Seele!
Nun will auch er, und zwar sehr schnell,
beenden das Gequäle!

Was für ein Vorbild bist du, Welt,
wenn Eigennutz der größte Held!
Man lebt in seiner Haut gefährlich,
ist man nur zu sich selbst noch ehrlich!

Ein Mensch, dem Liebe dann begegnet,
den hat der Himmel neu gesegnet.
Es werden Herz und Seele weich
und unser Leben innen reich.

Bilanz

Ziehst du Bilanz an manchen Tagen,
dann stellst du fest: Oft war es hart.
Und manchmal, das sei nicht verschwiegen,
da gab es Stunden weich und zart.

Ein dickes Fell war dir gewachsen,
weil deine Umwelt Angriff heißt.
Und deine Falten? Ist's Erfahrung,
die dir den Weg nach vorne weist?

Wohl bleibt als Fazit allen Treibens:
Aus manchem Schaden kaum gelernt
und, wie so oft im Trab des Lebens,
von Weisheit meistens weit entfernt.

Geblieben ist ein stetes Wollen,
ein Hoffen auf die rechte Kraft,
damit als Endpunkt eines Lebens
der Nachwelt wird ein Plus verschafft.

Der Mensch

Der Mensch mit seinen kühnen Träumen
glaubt stets, er würde was versäumen.
Er stürmt die Gipfel, ortet Tiefen,
bannt Kräfte, die im Weltall schliefen.
Sein Tatendrang in allen Ehren,
er muß sich auch der Folgen wehren!
Nicht immer ist ihm Schicksal hold,
wenn Weltendonner mahnt und grollt!
Hier auf der Erde gilt die Regel:
Wer maßvoll denkt, bestimmt den Pegel!
Zuviel der Wünsche und der Macht
hat keinem jemals Glück gebracht!
Jedoch Besinnung, Menschlichkeit
hält alle Kraft für uns bereit!
Sie läßt uns bleiben, was wir sind:
der Weltenschöpfung liebstes Kind.

Meinungsengpaß

Muß denn jeder ein Idiot sein,
der nicht denkt und fühlt wie du?
Raubt denn jede andere Meinung
dir gleich alle Seelenruh'?
Gibt es nichts auf dieser Erde,
das Gemeinsamkeit erhält?
Ist der Nörgler denn am Ende
der, der immer recht behält?

Überdenk doch mal die Lage,
wäge Wort und Taten ab;
sicher gab's, wo Schattenseiten,
auch Verdienste nicht zu knapp!?
Jeder ist auf seine Weise
stets besorgt ums Wohlbefinden;
deshalb kann – so man sich findet –
gleiche Meinung Glück nur bringen.

Selten hat ein Zank begründet,
worauf man sich betten kann.
Streit ist nie ein Ruhekissen!
So empfindet jedermann.
Also bleibt uns die Parole,
gegenseitig aufzutau'n,
folgend einer innren Stimme:
Niemals auf die Pauke hau'n!

Leise Töne, maßvoll, taktvoll,
bringen viel mehr Sonne ein
als die größten Schimpftiraden!
Darum laßt uns friedlich sein.

Eines jeden Land ist ein Teil der Erde!

Auch mein Land ist ein Teil der Erde!
Und auch mein Volk gehört dazu!
Wir alle woll'n, daß Frieden werde!
Nur so kommt unser Stern zur Ruh'!

Auch unsre Kinder wollen leben!
Sie soll'n erkennen und verstehn,
daß aller Geist, der uns gegeben,
muß friedvoll heut zu Werke gehn!

Auch unser Land läßt Raum im Glauben!
Ob an die Menschen oder im Gebet.
Das Lied der Welt kann niemand rauben,
solang der Mensch zur Einsicht steht!

Rückblick in die Zukunft

Vergeßt sie nicht, die vor euch war'n,
ihr, die ihr morgen leben werdet!
Sie haben sich gemüht, gekämpft,
auf daß ihr nicht gefährdet!

War damals Krieg? Wie war das noch?
Man staunt nur, wenn man rückwärts blickt.
Nun will man neue Wege gehn
und ist von Feindschaft abgerückt!

Verbannt sind Krieg und Haß und Trümmer,
denn wo gelacht wird, haßt man nicht!
Und das Vermächtnis jener Tage lautet:
Man spielt nicht Gott und Volksgericht!

Ich sage, was zu sagen ist
an die, die morgen die Geschicke lenken:
„Entscheidungsfindung zahlt sich aus,
würd' man auch Menschlichkeit bedenken!"

XIII

Vermischtes zu Themen unseres Lebens

Themen unseres Lebens? Welch Lebensmosaik! Welch Puzzlespiel, wollte man die Unzähligkeit und Vielfalt des Lebens erfassen!

Im Strudel der Zeiten und in unserem Umfeld werden wir nicht nur mit Freundlichkeiten bedacht, sondern nehmen zumeist hin, womit wir in dieser rastlosen, problembeladenen Welt konfrontiert und belastet werden.

Müssen wir das?

Wir wissen alle: Geht es uns gut, haben wir Freunde, emsige Fürsprecher und Kopfnicker um uns herum. Wir kommen evtl. sogar in den Genuß von besonderen Freundlichkeiten, Aufmerksamkeiten und Dankesbezeugungen. Geht es uns jedoch schlechter, haben wir Sorgen oder Probleme im Nacken, sind wir mitunter sogar gegenteiliger Meinung oder haben wir gewagt, etwas angeblich Unzumutbares einzufordern, äußerten wir berechtigte Wünsche, die aber dem Kontrahenten mißfallen, haben wir also mal wenig Glück und vermehrt Pech und fallen – wie man hier so landläufig sagt – auf den Bauch, dann überwiegt die Schadenfreude bei vielen Menschen, mit denen wir zu tun haben oder denen wir begegnen.

„Das hast du nun davon!“ sagt der Volksmund.

Und dabei spielt es – wie die Erfahrung zeigt – meist keine Rolle, ob es sich um Bemühungen in der Politik schlechthin handelt, um Vereinsstrategien, Medien-Interna oder menschliches Miteinander in allen Bereichen unseres Lebens. „Immer wieder aufstehen!“ ist angeraten. Und die Frage sei erlaubt, ob wir eigentlich in den letzten Jahrzehnten dazugelernt haben.

Offenheit, geistiger und geistlicher Brückenbau, Toleranz in allen Bereichen unseres Lebens sind angeraten!

Was nur wenig einbringt, bleibt heutzutage leider meistens unbeachtet. Ebenso der Respekt vor der Erfahrung der älteren Mitbürger. Für manche Denkspiele und Fehler unserer Zeit wird uns sicherlich eines Tages im nun begonnenen dritten Jahrtausend die Rechnung präsentiert werden.

Denn: Menschlichkeit und Umsicht, auch die gemeinsame Kultur in all ihren Schattierungen wird eben nicht an der Börse gehandelt!

Ein solches Erbe, diese wichtigen, gemeinsamen Werte der Menschheit sind es wert, geachtet, erhalten und weitergegeben zu werden!

Zeichen setzen – eine Aufgabe für jedermann!
Aufrütteln – wenn es der guten Sache dient!
Mahnen – wenn Gefahren drohen!
Anprangern – wenn Beachtenswertes unter den Teppich gekehrt werden soll!

Das alles und noch viel mehr ist nicht nur die ehrbare Aufgabe der Poeten, Schriftsteller oder Redakteure unseres Landes, sondern aller Menschen, die guten Willens sind. Hier sehe auch ich u. a. eine wichtige und dankbare Aufgabe als Mitglied im Verband der Schriftsteller in Schleswig-Holstein und darüber hinaus.
„WORT IST WÄHRUNG / JE WAHRER, DESTO HÄRTER“, so zitierten die KIELER NACHRICHTEN einmal den bekannten Lyriker Reiner Kunze, der sich – 65jährig – anläßlich einer beeindruckenden Lesung in der Kieler Stadtbücherei präsentierte.
Was ist es wohl, das die Zuhörer (und Leser) immer wieder und in zunehmendem Maße beeindruckt?
Es sind Wahrheiten, wenn sie offen und eindringlich geschrieben und möglichst auch noch lesend zelebriert werden …
Die Themenvielfalt, derer sich die Poeten und Schriftsteller unseres Landes bedienen, gleicht einem Korb reifer Früchte. Was das tägliche Leben an Kitsch oder Wertvollerem, an Naturverbundenheit oder Kulturereignissen, an Dramatik oder guten Zielsetzungen, an Meinungsbreiten oder auch Zeitzeichen zu bieten hat, es wird aufgetischt, angeboten, vermarktet. Und die Medien unserer Zeit mögen erkennen, wo und wann täglich Sinnvolles in den Vordergrund zu stellen ist!
Gott sei Dank – es herrscht Meinungsfreiheit in unserm Land!
Das gibt die Möglichkeit, Zeichen zu setzen, abzuwägen, Situationen aufzuzeigen, Land und Leute umfangreich zu informieren, aber auch mit Zuspruch und kultureller Meinungsandienung menschlich-moralische Pflichten gegenüber vielen Bürgern zu erfüllen.
Bringen wir die Glocke der Welt wieder zu rechtem Klang!
Wie formulierte es einst Johann Wolfgang von Goethe (1749 1832) schon so treffend: „Die Welt ist eine Glocke, die einen Riß hat; sie klappert, aber klingt nicht.“
Ich verhehle nicht, die Medien an dieser Stelle auch aufrufen zu wollen, einen – wenn auch noch so kleinen – „Platz für Poeten“ zu schaffen. Man würde sich wundern, was hier die Menschen aller Schichten, die Volksseele, aber auch gestandene Poeten an Volkesnähe anzubieten haben!
Auch lebensnahe Lyrik kann neue Gedanken eröffnen, hat oft große Aussagekraft, kann aufzeigen, aufrütteln, zum Nachdenken zwingen, das tägliche Leben besingen. Davon haben wir alle was!
Ich persönlich lese auf Einladung auch des öfteren und gerne u. a. in Seniorenresidenzen. In der Hauszeitschrift einer „Alten-Zeitung“ in Eckernförde las ich vor Jahren einmal folgende Sätze:

Das Leben ist ein Traum – mach daraus Wirklichkeit!
Das Leben ist ein Ziel – erreiche es!
Das Leben ist eine Herausforderung – begegne ihr!

In des Lebens Frühlingstagen reifen Träume heran, steckt man sich Ziele, die uns mitunter ein ganzes Leben lang begleiten. Das ist gut so! Erhalten wir uns unsere Träume, um ständig daran zu arbeiten!

Der Lohn aller Mühen ist Balsam für die Seele, schafft ein Gefühl der Zufriedenheit und läßt uns glücklich sein.

Deshalb:
Geht den Weg der großen Hoffnung,
und kehrt schicksalsfroh zurück!

Mit Geld ist vieles nicht zu machen.
Da gibt es Dinge und auch Sachen,
die reifen langsam, wie das Korn;
da hilft kein Stöhnen und kein Zorn!
Wer Hoffnung hat, egal wieviel,
erreicht am Ende auch sein Ziel!

Vorhang auf für ein Welttheater, das mehr Aufrichtigkeit, mehr Aufeinanderzugehen und Toleranz zu bieten hat!
Bühne frei für die Chöre der Vernunft, der Freude, der friedvollen Geselligkeit, der Harmonie und des Glaubens!
Und wenn uns gute Gedanken begleiten und schöne Musik Herz und Sinne bewegt, dann ist der Beifall der Beschenkten der schönste, ja der wertvollste Applaus, den wir uns denken können und den wir erhoffen wollen!

Seid umschlungen, Millionen!
Reichet brüderlich die Hand!
Diese Erde wird's euch lohnen,
wenn ihr knüpft ein Friedensband!

Seid umschlungen, Millionen!
Mit der Hände ganzer Kraft
sind – wenn ihr es wirklich wolltet –
alle Sorgen fortgeschafft!

Seid umschlungen, Millionen!
Alle Lieder dieser Welt
werden eure Tat belohnen,
wenn der Frieden Einzug hält!

Auf der Bühne des Lebens

Wir alle stehn auf der Bühne des Lebens,
und ohne Liebe ist alles vergebens.
Wir spielen das Stück von des Lebens Glück
und schauen nach vorn und manchmal zurück.
In unseren Herzen Erinnerung lebt,
mit der man der Zukunft entgegengeht.

„Das hat man davon!" mögen viele oft sagen,
denn am Ende der Mühen bleiben oft genug Fragen.
Ach, hätte man doch zueinander gefunden!
Dann gäbe es Frieden statt offene Wunden!
Nun stehen wir weiter auf der Bühne des Lebens,
und ohne Liebe ist alles vergebens.

Hochmut und Menschlichkeit

Hochmut, scheint mir, ist alltäglich.
Enden wird er meistens kläglich!
Denn wenn die Fassade bricht,
bleibt nur noch ein kleiner Wicht!

Kleider machen manchmal Leute.
Voller Hochmut sind sie heute.
Und schaut man beherzt dahinter,
ist die Seele kalt wie Winter.

Deshalb lob' ich mir im Leben
Freundlichkeit statt Hochmutstreben!
Hut ab auch vor Einfachheit!
Oft steht sie für Menschlichkeit!

Jahrhundert meines Lebens

(Nachruf an das 20. Jahrhundert)

Jahrhundert meines Lebens!
Wie oft schien es vergebens,
sich einzubringen für Verständnis;
den Machern fehlte oft Erkenntnis!

Jahrhundert meiner Lebensjahre!
Gedanken oft nur Handelsware!
Sortiert, empfohlen, aufgetischt,
beschichtet oder weggewischt!

Jahrhundert vieler Hoffnungstage!
Und Krieg statt Frieden – welche Plage!
Welch Zeitgeist wird die Zukunft krönen?!
Wie lange will man sich verhöhnen?!

Jahrhundert voller Menschlichkeit!
Gedanken einer neuen Zeit!
Das wünsch' ich uns und zieh' den Hut
vor diesem neuen Lebensmut!

Sind wir alle noch zu retten?

Möglich wär' es, woll'n wir wetten?
Allerdings – das ist Bedingung:
Überall die gleiche Schwingung.

Alle ziehn am gleichen Strang,
dann ist keinem wirklich bang.
Forderungen, stets bescheiden;
keiner würde drunter leiden.

Wenn sich alle einig sind,
trägt uns auch ein Wirtschaftswind.
Gleichermaßen ist zu fragen,
was denn so die Medien sagen.

Fernsehmorde, Love-Paraden,
Talk-Shows, Lalala-Granaten,
Werbespots ganz unnatürlich,
stören oftmals ungebührlich.
Alles ist oft fremd, so fremd,
irgend etwas schwelt latent.

Doch es ist noch nichts verloren,
kriegt das richt'ge Pferd die Sporen!
Auch Kultur hat ihr Gesicht!
Müht euch, und zerstört es nicht!

Voller Stolz kann man nur sein,
hat man mehr erreicht als Schein!

Der Wandel

Von der guten, alten Zeit spricht man gern
und sieht das Leben bunt vorüberziehn.

Doch der Puls der Zeit schlägt rascher!
In den Lüften, auf der Erde
dröhnen Düsen und Motoren
gellend in der Menschen Ohren,
rattern Räder und Maschinen,
emsig Volk will gut verdienen,
jeder will der Erste sein!
Mensch, o Mensch, halt ein, halt ein!

Denk bei aller Unrast heut
auch an arme, kranke Leut
und an Not und Opfergang!
Mancher hat sein Leben lang
viele Lasten zu ertragen,
und statt Krieg und Leid und Plagen
zeigt sich hier ein weites Feld,
wo man sinnvoll siegen kann und bauen
und mit Energie und Kraft
eine schöne Zukunft schafft!

So getan, ist's weit und breit
eine gute, neue Zeit!

Moderne Zeit

„Gestern ist over, heute ist heut!
Seht, was wir schafften, ihr lieben Leut!“

So stehn sie da mit stolzer Brust,
und wenn es nur Gutes wär’, wär’s eine Lust!

Leider jedoch stehn die Zeichen auf Sturm.
Irgendwo kriselt es, naget der Wurm.

Psychologisch gesehen meint sich jeder im Recht,
doch Liebe und Zwietracht ergänzen sich schlecht.

So nehmen und nehmen sie, ohne zu geben,
und nennen es dann ein erfülltes Leben!

Zur Weihnacht zur Kirche, ansonsten nie Zeit.
„Es lebe, was schön ist, denn heute ist heut!“

Man fragt sich darum: „Wie wird’s weitergehn?
Ohne die Lehren von gestern ist kein Vorwärtssehn!“

Das Vermächtnis der Alten und der Jugend Mut,
das beides gepaart schafft höchstes Gut!

Ein Rat

Harte Herzen, strenger Frost
sind wie in der Seele Rost.
Lebens Wärme, Herzens Güte
bringen Frohsinn ins Gemüte.
Hände Arbeit, steter Fleiß,
Ehrlichkeit um jeden Preis,
alles wird dir Segen bringen
und den Neid zu Boden zwingen.

Geborgenheit

Verlacht, verhöhnt und oft verbittert –
wie oft zeigt sich solch Lebenslauf.
Man hat gekämpft und hat gezittert
und zahlt auch obendrein noch drauf.

Bemüht, besorgt und oft belastet –
so zeigt manch Leben seine Spur.
Für Undank zum Infarkt gehastet,
und manchmal streikt die Lebensuhr.

Geliebt, geküßt, gebeutelt worden.
Man hat vertraut und aufgebaut.
Es blieb kein Lob und auch kein Orden,
und sturmerprobt ist man ergraut.

Zerknirscht, zerstört, weil man zerstritten,
voll Schwermut und voll Traurigkeit.
Wen hat der Teufel wohl geritten,
als sich verzog die Fröhlichkeit?!

Als wär's das Ende aller Tage,
so zeigt sich manche Zweisamkeit.
Jedoch oft ändert sich die Lage,
schenkt dankbar man Geborgenheit!

Nie?

Sag niemals: „Nie!“ – Es könnte anders kommen!
Du hast ein Ziel, doch ist sein Endpunkt noch verschwommen!
Sag niemals: „Nie!“ – Und wäge beide Seiten ab!
Ein Kompromiß bringt oft die Lösung,
ist auch der Vorteil nur recht knapp!
Sag niemals: „Nie!“ – Denn es ist später, als man denkt!
Sein Schicksal kann man kaum erfassen,
weil eine höh're Macht es lenkt!

Der Himmel weiß, warum!

Im Wettstreit liegt ein Leben lang
das Glück und auch das Leid.
Oft, wenn man denkt, man ist am Ziel,
ist's lang noch nicht soweit.
Wenn's manchmal dauert Ewigkeiten,
und scheint es dir auch noch so dumm,
dann schick dich drein, nimm, wie es kommt:
Der Himmel weiß, warum!

Man müht sich sehr und hofft auf Lob,
und man gestaltet und beginnt.
Sehr bald jedoch stellt man dann fest,
daß man nicht selbst gewinnt.
Das Schicksal ist ein Wechselbad,
und scheint es dir auch noch so dumm.
Man kann es drehen, wie man will:
Der Himmel weiß, warum!

Ob in Familie, im Beruf,
stets gibt es auch Probleme.
Es geht nicht einfach nach Rezept,
wo es da heißt: Man nehme …
Wir alle müssen Federn lassen,
und scheint es uns auch noch so dumm.
Die Stürme wehen hin und her:
Der Himmel weiß, warum!

Bin ich's?

Ich bin ein Störenfried,
weil ich zu Wort mich melde!
Mich stört die Ungerechtigkeit,
die darf nicht sein!
Sie ist fast überall zu finden,
im Leben, bei der Arbeit, im Verein.

Ist man zu still, sagt ja und amen,
dann fühlt der Vorstand sich im Recht;
zeigt man die Zähne, hat 'ne Meinung,
dann sagt man oft: „Der Mann ist schlecht."

Wo man auch steht, man muß erkämpfen,
was förderlich die Richtung weist!
Und das Gespräch, das Füreinander, Miteinander,
bewahret es! Damit es nicht vereist!

Ich bin ein Störenfried,
weil ich zu Wort mich melde!
Mich stört die Ungerechtigkeit,
die darf nicht sein!
Es ist noch lange nicht als Gegner ausgewiesen,
wer andres trinkt als Bier und Wein!

Mit Toleranz und gutem Willen
kann jeder jedem eine Stütze sein!
Wer ernten will in unserm Leben,
der muß auch fähig sein zu geben.
Die Saat geht auf, ist man nicht hart wie Stein!

Die Fähigkeit in unserm Leben,
das Gute und zur rechten Zeit zu tun,
ist eine Tugend, die man oft beneidet;
gar manchem wird sie angekreidet,
und doch: Gerechtigkeit läßt Menschen ruhn!

Bin ich ein Störenfried,
weil ich zu Wort mich melde?
Ich hasse nun mal Streit und falscher Zungen Wort!
Nur wenn Verständnis und Bereitschaft siegen,
dann bin ich hier am rechten Ort.

Ich zieh' den Hut vor allen Kräften,
die sinnvoll siegen, aufrecht gehn!
Und ich bin nicht der Mann der Dinge,
die flatterhaft im Wind verwehn!

So steh' ich denn auf beiden Beinen;
fragt man um Rat, ich geb' ihn gern.
Und eine Freundschaftshand zu meiden,
das liegt mir wahrlich allzufern!

Ich frag euch nun: „Ist's gut? Ist's schlecht?
Bin ich im Irrtum? Hab' ich recht?"

Wolfsgeheul

Du willst vom Lob ein Stückchen haben,
das in der Welt so spärlich ist?
Da mußt du erst am Neid dich laben
und das tun, was so häufig ist:
Nur wer hier mit den Wölfen heult
– ja, leider –, dem wird nichts verbeult!

Du willst dir Rat bei Menschen holen
für deine eigne kleine Welt?
Da wird man wohl ganz unverhohlen
dir zeigen, wie man sich verstellt.
Nur wer hier mit den Wölfen heult
– ja, leider –, dem wird nichts verbeult!

Du willst auch Hilfe noch erwarten,
weil du für Wahrheit Prügel kriegst?
Da hat man viele Einwandsparten,
auch dann, wenn du am Boden liegst!
Nur wer hier mit den Wölfen heult
– ja, leider –, dem wird nichts verbeult!

Du willst dir Achtung auch verschaffen,
versuchst, die Umwelt zu verstehn?
Da wird man dich erstaunt begaffen,
wird manches Argument verwehn.
Nur wer hier mit den Wölfen heult
– ja, leider –, dem wird nichts verbeult!

Bald wünscht man sich, daß Ruhe sei.
Man spürt es oft: Man kämpft vergebens.
Erst wird man stur, dann reif im Innern,
versucht sein eignes Ich zu zimmern.
Und man erkennt, auch Wölfe leiden,
tut man die Spreu vom Weizen scheiden!

Wie das Leben so spielt …

Ich sitze im Auto, von Hektik gejagt.
Mal Pause zu machen, ich hab's nicht gewagt.
Da wartet ein Chef, das Büro, die Verhandlung,
danach die Familie, o welche Verwandlung!
Da draußen die Härte, das menschliche Treiben,
daheim versucht man ganz locker zu bleiben.
All das hat fast jeden mal aufgewühlt,
und man tröstet sich halt: Wie das Leben so spielt …

Die Hausfrau, wie sehr sie sich ebenfalls plagt,
weil der Zeiger Stunde um Stunde zernagt!
Die Kinder, die Wäsche, der Einkauf, die Wohnung,
vielleicht etwas Radio zur eignen Belohnung;
dann kochen, nähen, stopfen und bügeln,
ein Werbemensch kommt, kann sein Reden nicht zügeln.
All das hat fast jeden mal aufgewühlt,
und man tröstet sich halt: Wie das Leben so spielt …

Das Glück und das Pech, eng stehn sie zusammen.
Gewaltsam zu steuern schon viele begannen.
Doch läßt sich nicht zwingen Fortunas Beginnen!
Und uns erscheint ein freudlos Zerrinnen!
Und wenn man nur Dreie im Lotto erhascht,
dann kommt man sich vor wie verhaun und vernascht.
All das hat fast jeden mal aufgewühlt,
und man tröstet sich halt: Wie das Leben so spielt …

Der Urlaub kommt näher, man träumt von der Sonne;
kein Wölkchen am Himmel, das Leben nur Wonne!
Und plötzlich passiert was, der Plan kommt ins Wanken,
man setzt sich erst mal und sucht nach Gedanken.
Jetzt muß man verschieben, was fest war geplant!
Wer konnte das sehen, wer hat das geahnt!?
All das hat fast jeden mal aufgewühlt,
und man tröstet sich halt: Wie das Leben so spielt …

So geht es im großen und läuft es im kleinen.
Mal baut man ein Luftschloß, mal könnte man weinen.
Was zählt, das ist in allen Bereichen,
daß man einsieht: Auch das Leben hat Weichen!
Und wenn's mal nicht klappt unverzüglich, sofort,
gut Ding braucht Weile, nichts geht im Akkord!
Kein Mensch hat je alles auf einmal erzielt!
Drum tröste dich: Wie das Leben so spielt …

Alles paletti

Im Sprachgebrauch, warum auch nicht,
ist vieles oft im Wandel.
Die Jugend zimmert sich zurecht,
was mancher anfangs hält für schlecht,
doch bald ist es im Handel:

Man feiert nicht, man geht zur Fete.
Meint man das Geld, spricht man von Knete.
Die Supergirls und steilen Zähne
umschwärmt man oder ist 'ne Träne.
Man nimmt 'nen Drink und ist o. k.,
und gibt's mal Trouble, tut's irre weh.
Die Clique ist ein netter Haufen;
man trifft sich, ohne gleich zu saufen,
machte eine Sause durch die Stadt,
ist satt, wenn man gespachtelt hat.
Wenn also alles ist im Lot
und man sich glaubt im gleichen Boot,
man träumt von Glück und viel Konfetti,
dann heißt es schlicht: „Alles paletti!"

So ist der Wortschatz unserer Jugend
in vielen Teilen doch auch Tugend.
Gewährt ihr daher manche Bitte,
und sprecht nicht immer gleich von Sitte!

Nachgedacht

Alle Blumen dieser Welt
blühen stumm und schenken Freude;
auch was im Verborgnen steht,
ziert das Weltgebäude!

Alle Tränen dieser Welt
rinnen oft in aller Stille;
doch der Himmel führt Regie,
Weisheit heißt sein Wille.

Alle Lieder dieser Welt
tönen über Raum und Zeit;
schöpfen aus des Füllhorns Quelle,
machen Herz und Seele weit.

Alle Menschen dieser Welt
sollen lernen zu verstehn;
nur Gemeinsamkeit schafft Leben,
ohne sie kann nichts bestehn!

Zum Erntedankfest

Nun ist ein großes Werk getan.
Mit Gottes Segen ist's vollbracht.
Das Korn für unser täglich Brot,
es ist nun eingebracht.

Drum feiern wir den Erntedank
und loben Gott für alle Gaben,
die Feld und Garten dargebracht,
damit wir Labsal haben.

Sei Dank dir, Herr! Laß uns bedenken,
daß noch viel Hunger ist auf Erden!
Gib Kraft und Willen, abzugeben!
Dann kann es gut auf Erden werden!

Die Chance

Ein Stern mit Namen Erde
zieht leuchtend seine Bahn.
Gott Vater sprach sein WERDE
und hat es wohlgetan.

Sodann erhielt der Mensch die Chance,
hier zu verwalten mit Balance,
zu hegen, hüten, mehren fein,
kurz: aller Dinge Herr zu sein.

Beflissentlich, als sei's sein eigen,
begann er sich nun umzutun;
doch ließ bei allem Schaffensreigen
der Mensch den Neid nicht lange ruhn.

So schuf er Unruh', Streit und Leiden
und tat die Menschlichkeit beschneiden,
errichtet' Grenzen immer neue
und schafft' Genuß sich ohne Reue.

Ein Stern mit Namen Erde,
noch zieht er leuchtend seine Bahn.
Und diese Zeilen sind Beschwerde!
Man hat so vieles schon vertan!

Wehret dem Ende!

Wälder und Seen, man sieht sie vergehn.
Hoffnung und Frieden im Winde verwehn.
Menschen verzweifeln, Pläne zerrinnen,
morsch ist der Erdball von außen und innen.
Wo sind die Mahner, auf die man hört,
eh' der Planet und die Liebe zerstört?!
Wehret dem Ende mit Herz und Verstand!
Ehret das Leben, reichet die Hand!

Umweltgedicht

Gehst du durch den grünen Wald,
dank daran, wie doch gar bald
sich das Blatt hier wenden kann,
stößt der Mensch an Grenzen an!

Auspuffgase, Schlote, Dunst,
nichts bewahrt der Umwelt Gunst!
Wenn's der Mensch so weiter treibt,
muß bald sehn er, wo er bleibt!

Hier auf Erden zählt das Reine!
Saubre Umwelt oder keine!
Wenn wir uns noch mehr vergiften,
werden wir ins Abseits driften!

Dann lernt Fritzchen in der Schule,
daß, wo jetzt 'ne Wüstenkuhle,
einst ein grünes Land gelegen,
welches starb durch sauren Regen!

Waldsterben

(Ironisches Waldgedicht)

Sie sind doch grün, die meisten Bäume;
zumindest fast, trotz mancher Lücken!
Wer denkt schon hier in Zeit und Räumen!
Nur heute soll es uns beglücken!

Sie sind doch grün in ihren Spitzen!
Zwar in der Mitte ziemlich braun,
doch soll man deshalb Sorgen schwitzen?
Aus grün wird braun, dann abgehau'n.

Sie sind noch grün an manchen Stellen;
noch schimmert Leben irgendwo.
Weshalb soll man da lauthals bellen?!
Wir singen und sind lebensfroh!

Noch leben wir, sehr oberflächlich.
Wie lang das gutgeht, weiß man nicht.
Denn: Meint man, Wald sei nebensächlich,
dann fürchte das Naturgericht!

Erdbeben

Die Erde bebt! Die Erde bebt!
Die Urgewalt sich jäh erhebt!
Der Erdball tobt! Der Mensch erprobt,
obwohl er Frieden hat gelobt!
So gehn die Stunden, die verwunden;
des Daseins Glück, wie oft zerschunden!
Doch Hoffnung lebt, daß man erstrebt
ein Leben, das den Geist erhebt!
Besinnung und sehr viel Vertrauen:
Nur darauf kann man Leben bauen!

Bajazzo sein!? –

Schon in früheren Texten habe ich dieses Thema aufgegriffen. Und es ist wahr: Auch nach Mißerfolgen oder Fehlschlägen, die wir alle mitunter hinnehmen müssen, stemmen wir uns gegen Vorurteile, Häme und die Feststellung: „Das hast du nun davon!"

Wir geben uns möglichst gelassen, lächeln und spielen das Stück vom großen Glück. Bajazzo sein. Lache, Bajazzo! Doch wie's da drinnen aussieht, geht niemand was an.

Anläßlich eines Fernsehinterviews (es muß 1997 oder 1998 gewesen sein) beeindruckte mich die lebenserfahrene Aussage von Gottlieb Wendehals (Polonaise Blankenese). Er berichtete von seinen Erlebnissen, von Erinnerungen auch an seine Eltern und von den Inhalten seiner Karriere:
„Es geht – Gott sei Dank – nicht nur ständig nach oben, sondern auch nach unten. Trotz harter Arbeit. Aber 45 Minuten anderen Menschen Freude bereiten, sie auf andere Gedanken bringen, egal, wie man sich selbst manchmal fühlt, das ist Erfüllung besonderer Art."

So ist es wohl stets ein Geben und Nehmen im Leben.
Und wenn man dankbar spürt, wie gegebene Freude, einem wunderbaren Echo gleich, zurückkehrt ins eigene Herz und die Sinne erfreut, dann lebt man; dann wächst Lebensmut!

Bajazzo sein, das gehört zu unserem Leben, jeder an seinem Platz.
Mal ist man König und mal Bauer,
stets liegt das Schicksal auf der Lauer …

Weinen und Lachen, unser irdisches Umfeld lehrt es uns immer wieder.

Aus allen Zwängen fliehen?

Aus allen Zwängen fliehen? Warum? Was hast du wohl davon!?
Freiheit ohne Geborgenheit? Sie macht uns einsam und verkniffen. Wir alle sollten uns eingebettet fühlen in eine Solidargemeinschaft, eine Welt- und Wertegemeinschaft. Wir sollten endlich erkennen, daß man nur in Gemeinsamkeit auf dieser Erde stark sein kann und daß der Wille zum friedlichen Nebeneinander die wahren und starken Säulen des menschlichen Miteinanders sind. Und diesen guten Zwängen entfliehen zu wollen, wäre dumm und unverantwortlich.
Vielleicht wird mancher unter uns meinen: „Was soll dies Geschwafel?! Was hat man schon davon?!" Und eines Tages wird auch er erkennen müssen, daß nichts – aber auch gar nichts – höher zu bewerten ist als der Wille zu einem ehrlichen Miteinander!
Die Medien der heutigen Zeit könnten hierzu immer wieder einen wertvollen Beitrag leisten, indem sie Zeichen setzen und fördernd Markierungspunkte aufzeigen!
Und die Schriftsteller unserer Zeit, einfache und hochkarätige, alte und junge, suchende und förderungswürdige, sind – wie es oft genug und richtig heißt – das Gewissen der Nation, der Völker! Mögen sie oft auch in der Stille wirken, das Ergebnis ihrer Arbeiten sollte erreichen können, daß die Glocken dieser Welt wieder klingen, anstatt zu klappern (Goethe), und daß Herz und Sinne der Völker endlich zu einem Gleichklang kommen!
Aus allen Zwängen fliehen wollen? So einfach geht das nicht! Wir alle sind hineingestellt in eine rastlose Welt. Bemühen wir uns daher mit aller Kraft, daß es dennoch eine harmonische und heile Welt wird und bleibt!
Alles hat seine Stunde: Arbeit und Einkehr halten, helfen und danken, hoffnungsfroh kämpfen und tröstend Geborgenheit geben. Mensch sein, in der kleinen Familie ebenso wie in der großen Welt.
Aus allen Zwängen fliehen? Nein!
Zueinander stehen, aufeinander zugehen! Hierin liegt das höchste Gut auf dieser Erde.
Das zu erhalten, sollte uns beflügeln, darüber zu reden, zu schreiben und danach zu handeln.
In diesem Sinne sollten wir wagen, glücklich zu sein!

Vorbild Erich Kästner!?

Man glaube mir! Ich habe nicht die Absicht, mich an dem großen und vielseitigen Lebenswerk von Erich Kästner zu messen, der am 23. Februar 1899 in Dresden geboren wurde!

Er war erfolgreicher Journalist, Lyriker und Kinderbuchautor. Er erlebte Höhen und Tiefen des Lebens, die ihm in den dreißiger Jahren des 20. Jahrhunderts in Deutschland zwar kein direktes Schreibverbot, wohl aber Veröffentlichungsverbote und Verlagssperren bescherten, so daß er – weil akute Lebensgefahr bestand – zwischenzeitlich in die Schweiz auswich. Er sagte und dachte nie: „Das hat man nun davon", sondern er arbeitete weiter; unentwegt, verantwortungsbewußt und als Mahner auch Zeitzeugnis ablegend.

„Auch aus Steinen, die dir in den Weg gelegt werden, kannst du etwas Schönes bauen", sagte er oft in seinem Leben.

Was mich nun an Erich Kästner faszinierte und woran ich Parallelen erkenne, ist dieses:

Auch er schrieb u. a. „Gebrauchslyrik". Er wollte unterhalten, aber gleichzeitig auch gesellschaftskritisch aufzeigen, wo etwas im argen liegt. Lebensnah schreiben, ein mitunter vorsichtiger, aber dennoch unüberhörbarer Mahner sein, auch noch nach zwei Weltkriegen. Diese Zielsetzung trifft auch auf mich zu.

Kästners erfolgreiche Jugendbücher beweisen, wie sehr ihm auch und besonders die Jugend am Herzen lag, die nachdenkend die Probleme und Aufgaben der Zukunft zu lösen hat. In seinem Buch DAS FLIEGENDE KLASSENZIMMER beginnt er mit den Worten: „Vergeßt eure Kindheit nie! Versprecht ihr mir das?"

Ich selbst werde dabei immer wieder an eine Bucheintragung erinnert, die mir mein früherer Lehrchef Friedrich Petersen in ein Buchgeschenk zum erfolgreichen Lehrabschluß schrieb:

„Ein großer Mensch ist derjenige, der sein Kinderherz nicht verliert."

Wie recht er hatte!

Auch wenn Kriegsnot, Bombennächte und Fluchterfahrungen viele schöne Kindheitserinnerungen zeitweise überdeckten, die Bilder und Erfahrungen schöner Kindheitserlebnisse habe ich hinübergerettet in die Zeiten danach. Ich habe gelernt zu sehen, zu hören, zu vergleichen, zu mahnen, zu trösten, zu hoffen und auch in meinen Texten und Büchern mit manchmal spitzer Feder aufzuzeigen, was wichtig, wertvoll und zeichensetzend ist. Lebensnähe vermitteln, den Nagel auf den Kopf treffen, den Lebenssinn aufzeigen, Toleranz anmahnen.

Erfahrungen weitergeben! Darin sehe auch ich eine Zielsetzung.
Vorbild Erich Kästner? Ja. Und noch viele andere!
Wenn ich deshalb hier anfüge, daß auch einer der erfolgreichsten und im In- und Ausland geschätzten Autoren der Nachkriegszeit, nämlich Siegfried Lenz (geb. 1926), nach Heimatverlust (Masuren) und u. a. enger Bindung an Norddeutschland sich in seinen Werken auch an die Jugend, insbesondere des Nachkriegsdeutschlands, wandte, so tue ich es nur, um erneut aufzuzeigen, wie wichtig es immer wieder ist, sich in den verschiedensten Formen der Dichtkunst der essentiellen Themen der Zeit anzunehmen!
Auch Siegfried Lenz sagte einmal: „Ich schreibe, um zu bewahren."
Eines bleibt festzuhalten und mag sich in den Köpfen mancher Menschen und auch mancher Medienverantwortlichen seinen festen Platz erobern, nämlich dies: Wichtige, ernstzunehmende Schriftsteller sind das Gewissen der Nation und der Völker. Man kann sie mitunter wegen ihrer Direktheit und Deutlichkeit einengen, ignorieren, verjagen, verdammen, *ehren* oder schlicht nur belächeln. Den Mut wird man ihnen nicht nehmen können! Die Gedanken sind frei!

Poetenzorn oder: Jetzt reicht es!

Purer Zufall, lieber Leser, daß es ausgerechnet mein Berliner Verleger Wilhelm Ruprecht Frieling ist, von dem ich einmal folgende wahre Feststellung in einem seiner Werbetexte las:
„Bücher sind wie salziges Wasser: Je mehr man davon trinkt, desto durstiger wird man. Die Lust am Lesen entspringt wie die des Schreibens einem unstillbaren inneren Verlangen. Ein aufrichtiger Autor hat die Kraft, den Leser derartig in seinen Bann zu ziehen, daß dieser alles um sich herum vergißt … Im Mittelpunkt der Aufmerksamkeit stehen dann der Autor und sein Werk …"
Recht hat er, der Herr Frieling!
Lesen bildet nicht nur, es hilft uns zu verstehen, hilft unserem Gedankenspiel, fördert Denkprozesse und Hoffnungen, regt an, macht nachdenklich, entspannt uns. Und – je nach Themenvielfalt können Bücher auch Zeichen setzen!
Es sind wiederum die Menschen, die dabei die Zeichen der Zeit erkennen sollten. Und wiederum ist es auch der Bereich der Medien, der sich immer wieder aufgerufen fühlen sollte, jene Zeichen der Zeit zu suchen, zu erkennen und darüber zu schreiben! Ich wage sogar zu behaupten, daß es viel zu wenige Zeitschriften, Zeitungen etc. gibt, die sich beispielsweise des Füllhorns voller zeitnaher und lebensnaher Lyrik und Prosa bedienen, welches zwar angeboten, aber viel zuwenig genutzt wird!
Auch kenne ich Redaktionsentscheidungen, die z. B. den wochenendlichen „Platz für Poeten" abgeschafft haben, weil er ja „nichts einbringt". Er wird als „inhaltlich überholt" eingestuft und somit einfach abqualifiziert.
(Das hat man nun davon, lieber Poet!)
Und die Volksseele, die Leserschaft, schüttelt den Kopf. Haben wir uns alle sowenig zu sagen? Sind gewisse Leute sogar noch stolz darauf, „gestrafft zu haben"?
Wo leben wir eigentlich!? Und was zählt eigentlich noch!?
Haben wir alle keinen Grund mehr, Lebenswertes und Liebenswertes, Erfahrungen, Mahnungen oder Anregungen zu schreiben, zu drucken, weiterzugeben?
Wer wohl könnte dies besser und mehr fördern als z. B. jene verantwortlichen oder beauftragten Redakteure in der großen Medienlandschaft!
Wie oft wurden und werden von Fachleuten neue, oft vielsagende Texte angelesen, jedoch geschieht es dabei oft genug, daß Wegweisendes, Gehaltvolles, Beachtenswertes und Förderliches einfach nicht erkannt, geschweige denn publiziert wird!

Leo Tolstoi mußte ein kleines Vermögen aufbringen, um seinen weltweit bekannten Roman „Krieg und Frieden“ auf eigene Kosten zu publizieren. Viele namhafte Autoren quälten sich anfangs nach vorn, und dazu gehörten auch Hermann Hesse, Heinrich Mann, Friedrich Nietzsche und Richard Wagner. Viele wurden anfangs ignoriert, selten gefördert. Selbst Johann Wolfgang von Goethe hatte mit manchen Frühwerken seine Verlagsprobleme, ebenso mit mancherlei Lyrik oder sogar mit seinem erst später berühmt gewordenen „Götz von Berlichingen“.

FAZIT:

Früher wie heute:

Verachtet mir die Dichter nicht!

Sie haben allen etwas zu sagen!

Es muß doch durchaus nicht immer Dramatisches, Mahnendes, Aufregendes, Kritik oder Widerspruch provozierende Prosa sein. Da gibt es lebensnahe Lyrik, romantische Impressionen, anregende Begebenheiten, gefühlvolle Texte voller Herzenswärme ebenso wie humorvolle Verse aus Volkesseele.

Aus eigenen Lesungen, u. a. in Seniorenresidenzen, Rehakliniken, Kulturkreisen und landsmannschaftlichen Verbänden weiß ich voller Freude und Genugtuung zu berichten, wie aufmerksam und aufgeschlossen die Zuhörer sind und wie dankbar man sich immer wieder zeigt für Lyrik und Prosa voller Lebensnähe und verslicher Einfachheit und Verständlichkeit!

Auch heimatverbundene oder kultur-werbliche Texte sind gern gefragt; Ausnahmen bestätigen – wie immer – die Regel.

Hierzu kann ich auch aus eigenem Erleben einiges anfügen:

„EUTIN BIETET SO VIEL!“ hieß es vor längerer Zeit einmal auf einem Poststempel. Gute Idee, wenn es denn dabei bliebe und die Möglichkeiten *optimal* genutzt würden!

Im Jahr 2000 wurde in Eutin, der Stadt der Sommerfestspiele, die 50. Festspielzeit gefeiert. Eutin, Geburtsort von Carl Maria von Weber! Treffpunkt namhafter Künstler, Sänger, Dirigenten, Orchester und Intendanten. Aufführung von Opern und Operetten auf der Freilichtbühne im Schloßpark. Kunst und Musik jede Menge.

Nur – eine angemessene Beflaggung zur 50. Festspielzeit fehlte, was sogar der vieljährige Intendant der Festspiele, Siegfried Grothe, bemängelte. (Der OH berichtete darüber.)

Nun, was mich dabei betrifft: Warum soll man nicht über eine Stadt, in der man seit mehreren Jahrzehnten wohnt, ein besonderes und werbendes Gedicht schreiben, zumal diese seit Jahrzehnten Festspielstadt ist!?

Ich tat es, wie man gleich nachstehend lesen wird. Aber: Nicht Eutin, sondern der Heinrich-Möller-Verlag in Rendsburg griff in seinem Jahrbuch für Schleswig-Holstein mit Heimatkalender 1999 dieses Thema auf und veröffentlichte auf Seite 100 das Gedicht „Eutin, du meine Festspielstadt" mit Bebilderung (Schloß und Opernszene). In der Ostholsteiner Regionalpresse dagegen verblieb dieser Text vorerst im Schubfach der Redakteure.

Und wiederum wiederhole ich meine Feststellung, daß oft genug Förderliches nicht recht erkannt, geschweige denn publiziert wird.

Aber: „Eutin bietet so viel!"

Ich hätte nichts dagegen und bleibe vorerst bei meiner nachstehenden lyrischen Aussage, nämlich:

EUTIN, DU MEINE FESTSPIELSTADT!
Die soviel Kunst zu bieten hat!
Und wo Musik, Romantik, Dichtung
sich präsentiert mit viel Gewichtung!

Du Carl-Maria-von-Weber-Stadt!
Wo Oper einen Namen hat!
Wo Chormusik und Orgelklänge
das Herz erfreun ganz ohne Zwänge!

Eutin, du Stadt an Wald und Seen!
Dein Name wird nicht untergehn!
Als Rosen- und als Festspielstadt
man dich spontan bewundert hat!

Den Menschen hier und deinen Gästen
schenkst du Erholung nur vom Besten!
Dazu ein Schloß in Stadtparknähe,
auf daß Romantik dich umwehe!

Eutin, du meine Festspielstadt!
Die jedem was zu bieten hat!
Bleib, wie du bist, zu allen Zeiten!
Und guter Ruf wird dich begleiten!

Anmerkung: In heimatlichen Gefilden – wie so oft in der Literaturszene – gilt man zwar am wenigsten. Jede Stadt in unserem Lande sollte sich dennoch glücklich schätzen, wenn sie in ihren Mauern Autoren beherbergt, die sich für den Heimatort und darüber hinaus in verschiedenster Weise engagieren! Etwas mehr nachdenken wäre angesagt! Dafür allerdings jammert man in verschiedenen Gremien herum und stellt Überlegungen an, wie man für den Fremdenverkehr nachhaltiger etwas tun kann und wie man auch in Werbebroschüren die eine oder andere Aussage und Wichtigkeit werbewirksam präsentieren kann.
Auch an diesen Beispielen mag man erkennen, welch wichtige Rolle Redakteure von Medien ebenso wie Stadtväter oder beauftragt Verantwortliche in der Kulturszene spielen könnten.
Klagt mir nicht, liebe Mitbürger in nah und fern!
Handelt mit wachsamen Augen und Ohren, um so mehr Gutes wird sich zeigen!
Und ich bin überzeugt davon, daß man aus Kritik, aus positiv gemeinter Kritik, lernen wird.
Andernfalls: Das habt ihr dann eben davon …

XIV

Politische Lyrik, Erlebnisse und Gedankenspiele

WELTTHEATER-BÜHNENBILD – was ist das?!

Politik? Liebe? Intrigen? Scheinheiligkeit? Hell und Dunkel im Kampf der Meinungen? Hoffnungen? Zugeständnisse? Gemeinsamkeiten? Irrungen und Wirrungen? Bizarres? Trauer? Freude? Sieg? Aufeinanderzugehen bis hin zu einem glänzenden Finale?

Privat und in der Politik – oft die gleichen Inhalte und Bilder.

Leben, unser Leben!
Im Strudel der Entscheidungen, der Geschehnisse und Ereignisse; und mittendrin stehen wir mit unseren Gedanken, Überlegungen und Fragen.
SIND WIR NOCH ZU RETTEN?
Diese Frage stellen sich Millionen Menschen, wenn sie die Geschehnisse unserer Zeit erleben, vorgesetzt bekommen und irgendwie verarbeiten müssen.
Und diese Gedanken schreibe ich nieder als Mensch und aufmerksamer Zeitzeuge, als Lyriker und Buchautor, aber auch als Wähler, der sich so seine Gedanken macht. Ich gehöre derzeit zu jener besonderen „Wählerkategorie", die „wählerisch" ist. Meine Stimme gehört jeweils dorthin, wo ich für unser Land – und verbunden damit für die europäische Wertegemeinschaft – den bestmöglichen Konsens erkenne hinsichtlich Friedensschaffung und Friedenserhaltung, Freiheit und Gerechtigkeit, Menschlichkeit und nicht zuletzt wirtschaftlicher Stabilität.

Mit offenen Augen und Ohren habe ich seit 1945 die Nachkriegszeit erlebt. Trümmer, Hungersnot, Hoffnungen, Wiederaufbauzeit, Wiedererlangung von Achtung und Vertrauen in der Welt. Und ich verneige mich mit Achtung und Respekt vor allen in freier Wahl gewählten Staatsmännern und Politikern unseres Landes, die erfolgreich und nach bestem Können daran gearbeitet haben, unserem Land wieder Stabilität und Zukunftsperspektiven zu verschaffen.
Dazu zählen beispielsweise der erste Bundeskanzler der Bundesrepublik Deutschland, Konrad Adenauer (1949), der ehemalige Wirtschaftsminister und spätere Bundeskanzler Ludwig Erhard, die Bundeskanzler Willy Brandt und Helmut Schmidt ebenso wie der 16 Jahre amtierende Bundeskanzler Helmut Kohl, der geachtet und geehrt im Oktober 1998 aus dem Amt schied.
Seine später diskutierten sogenannten Finanzaffären und Finanzwege, die als politischer Zündstoff so gern und nachhaltig von seinen Gegnern genannt wurden,

will *ich* hier nicht weiter beurteilen. Nur dies: Er ist der verdiente Kanzler der deutschen Einheit und hat damit auch wesentlich zur Verbesserung der europäischen Integration und Verständigung beigetragen.
Aus welchen möglicherweise auch geheimpolitischen Dankes- oder Pokergründen Finanzmittel eingesetzt worden sind: Helmut Kohl hinterließ auf der politischen Bühne ein geachtetes und umworbenes Deutschland.
„Nun danket alle Gott“, spielte das Bundeswehr-Musikkorps auf seinen Wunsch zum Abschied, und er wünschte unserem Vaterland: „Glück und Gottes Segen!“
Wir werden es gebrauchen können; denn die Entscheidungen, die für uns und für die Welt im nun begonnenen 21. Jahrhundert anstehen, werden für alle Menschen von großer Tragweite sein.
Keinem Land und keiner Institution, keiner Regierung und auch keiner Interessenvertretung oder Organisation in unserem eigenen Land würde es schaden, wenn wir angesichts der Not und des Elends in Krisengebieten das eigene Wunschdenken, den eigenen Forderungskatalog beispielgebend reduzieren würden! Das – so denke ich – ist Volkes wahre Meinung! Und die Geschichte der Länder Europas möge Lehrstunde und Mahnmal zugleich sein!
Seien wir ehrlich: Deutschland gehört zu den wohlhabenden Ländern dieser Welt; ein Sozialstaat zudem; niemand muß hungern oder verhungern, niemand muß frieren oder erfrieren; und wir leben in Freiheit!
Wissen wir eigentlich *alle*, was das bedeutet? Hätten wir nicht allen Grund, dankbar und zufrieden zu sein?
Ist es beispielgebend, wenn man sich immer wieder schnell einig wird, wenn es um die Erhöhung von sogenannten Diäten geht, während andere, wirkliche Problembereiche oft genug vertagt oder bis zur Uneinigkeit diskutiert werden?!
Ist es beispielgebend, wenn man meint, mit meist vollen Bäuchen, Trillerpfeifen oder Zigaretten im Mundwinkel demonstrieren zu müssen, vor aller Welt und vor genügend Fernsehkameras?! Und alles, damit es uns noch besser gehen solle, als es uns sowieso schon im Vergleich zu den echt Bedürftigen dieser Tage geht?!
Es gibt viele Gründe, unsere Positionen im jeweiligen politischen und wirtschaftlichen Lager zu überdenken, sich zusammenzuraufen und ein verändertes Denken einzuleiten. Nichts gegen Wunschdenken und dessen Erfüllung, wenn das Umfeld, die Situationen sowie eine abgesicherte florierende Wirtschaft es hergeben! Und eine starke, Arbeit schaffende Wirtschaft brauchen wir! Kostendruck hingegen, Belastungen ohne ausreichende Überlegung, ohne ausreichendes Breitendenken führen in gefährlich vielen Fällen zu Produktionsverlagerungen.

Das hätten wir dann davon! Dann ist guter Rat teuer! Und das müßten sich als Folge unangemessener Vereinbarungen, Aufrufe oder Forderungen viele Streikende und auch Arbeitsuchende dann sagen.
Vor aller Welt sich in solcher Zeitphase so darzustellen, würde wie ein Bumerang wirken.
Wo also sind jetzt die Mahner und Aufklärer in solchen Zeiten?! Leben wir eigentlich in einer sich anpassenden, fortschrittlich denkenden Zeit oder schon in einer Art „Endzeit", in der dann ein Nachdenken nicht mehr nötig wäre?!
Alles zu seiner Zeit, meine Damen und Herren! Alles zu seiner Zeit, liebe Mitbürger!
Mit überzogenen Forderungen, und diese auch noch zu unangebrachter Zeit, graben wir uns mittelfristig das eigene Grab.
Wie formulierte es doch am 20. Mai 1999 in BILD der Chef der fünf Wirtschaftsweisen, Prof. Herbert Hax, so treffend:
„Deutschland hat eine gute Zukunft – aber es müssen die Weichen richtig gestellt werden. Jetzt!"
Seine weiteren Vorschläge bzw. Feststellungen: Entlastung der Unternehmen; glaubwürdige, durchschaubare Lösungen; keine Steuererhöhungen; Sparkurs der Regierungen; maßvolle Lohnpolitik; keine unerfüllbaren Hoffnungen wecken.
Die Fehler der Lohnpolitik in den letzten Jahren werden wohl den Arbeitsmarkt noch lange belasten …
So wäre es sinnvoll, vorbildlich und zeitgemäß, wenn einige – wenn auch z. T. berechtigte – Forderungen zurückgestellt würden, bis man sie guten Gewissens und situationsgerecht vor allem Volk und vor aller Welt anmahnen darf!
Daß man in der Lage ist, so zu denken, müßte m. E. noch dringend unter Beweis gestellt werden!
Oder – sind wir nicht mehr zu retten?
Nun, das hätten wir dann davon!

Krieg und Frieden

Eigentlich müßte diese Überschrift zu Beginn eines sogenannten „aufgeklärten dritten Jahrtausends“ Schrecken einflößen. Doch es ist leider nicht so. Die Menschen, so erhaben und aufgeklärt sie sich geben, haben nichts, gar nichts dazugelernt!

Nach jedem Krieg, nach jedem Sieg des Siegers hieß und heißt es an die Verlierer gerichtet: „Das habt ihr nun davon!“

Was Kriege bedeuten und insbesondere in den vorangegangenen Jahrhunderten angerichtet haben, können wir den Geschichtsbüchern in reichlichem Maße entnehmen. Und was ich als derzeit noch Lebender erfuhr und als späterer Zeitzeuge zu berichten weiß, ist dieses:

Schon meine Großeltern erzählten von den Schlachten und den Schrecken des Ersten Weltkrieges (1914–18), von dem anschließenden Leid der Völker, von Hunger, Arbeitslosigkeit, Inflation, Trauer. Alles sollte anders werden, besser werden; aber daraus wurde nichts. Es begann der Zweite Weltkrieg (1939–45). Nun erlebte ich als Schüler und Jugendlicher alles hautnah. Mein Vater wurde Soldat – er blieb 1943 auf dem Felde der Ehre, wie man es nannte. Bei einem Kontrollgang wurde er versehentlich von einem deutschen Posten angeschossen und tödlich verletzt. Tragisch.

Die Familie in Not und Trauer; Flucht vor Fliegerangriffen und den näherrückenden Fronten; Vertreibung, Neuanfang, Aufbau, Hoffnungen.

Alles sollte anders werden, besser werden; Frieden.

Einige gute Jahre, ja. Aber schon erlebe ich – nun als älterer Mensch – die nächsten Weltkrisen und Menschheitsgefechte …

Die Menschheit hat nichts dazugelernt; außer vielleicht in der Waffentechnik, in den Abläufen des Diätengerangels, in der Abfassung von politischen Solidaritätsbekundungen sowie im Schmackhaftmachen von Streichungen in vielen Bereichen. Und außerdem: Fanatismus rangiert noch in vielen Teilen der Welt vor Menschlichkeit und Einsicht. Koste es, was es wolle!

Und damit will man siegen? Die Menschheit und unsere Mutter Erde retten und erhalten?

Aus einem Lyrikbüchlein von Ilse Nicolaus, „Des Lebens Vielfalt“ (Frieling-Verlag, Berlin), darf und möchte ich auszugsweise einige (S. 57) treffend formulierte Lyrikzeilen zitieren:

„Unendliches Leid – von Menschen geschaffen –
ist schlimmer noch als Gezänk unter Affen! …
Es ist, als hätte man Frieden am Galgen erhängt! …
Wir können die Sonne nur dann noch genießen,
wenn wir Frieden statt Waffen mit Sekt begießen!
Nie wieder Krieg! …

Diese Worte, diese Sätze sprechen für sich; dem ist nichts hinzuzufügen. Rat, Aufruf, Mahnung – im Namen der Menschlichkeit!

Satirisches? Oder vielleicht doch nicht?

Politik ist – recht bedacht –,
wenn man keine Fehler macht,
weil man listig formuliert,
was des Volkes Seele ziert.

Politik ist – recht bedacht –,
wenn man spürt des Amtes Macht,
aber diese sinnvoll nutzt
und zuviel Erwartung stutzt.

Politik ist – recht bedacht –,
wenn es im Gebälk schon kracht
und man trotzdem aller Welt
diese Botschaft vorenthält.

Politik ist – recht bedacht –,
was den Machern Freude macht.
Geht es um Diätenplanung,
überhört man jede Mahnung.

Politik ist – recht bedacht –,
wenn man alle wach gemacht,
um die Wahl nicht zu versäumen;
danach darf man weiter träumen.

Politik ist – recht bedacht –,
wenn ein Feuer ist entfacht,
welches *allen* Menschen dient,
so wie's sich fürwahr geziemt!!!

Rückblick mit Durchblick

Regierungen habe ich viele erlebt
bisher in meinem Leben.
Nun denk' ich nach und frage mich,
was blieb denn davon kleben?!

Erst braun, dann schwarz, dann rot im Leben
und später auch noch grün daneben,
so präsentierte man sich schlau;
doch ich vermisse Hoffnungsblau!

Wenn ich so seh' und hör' im Lande,
zu welchen Ufern man hier geht,
dann frag' ich mich: „Wie heißt das Spiel,
das mir so gänzlich widerstrebt?!"

Ich wünsch' uns viele gute Jahre,
die optimal sind, ohne Plage;
dazu gehört ein Fundament
mit festen Daten aus Zement!

Wenn Freiheit, Einheit, Fortschritt bleiben,
wenn gut durchdacht sind alle Wege,
dann – denk' ich – wird uns nichts zerreiben,
und blühen wird das Erdgehege!

Ob schwarz, ob gelb, ob rot, ob grün:
Mit Anstand soll das Land erblühn!
Es möge wachsen die Erfahrung!
Sie gibt der Zukunft beste Nahrung!

Atom?

Mit diesem Thema könnte man viele Gedankenspiele machen. Vom Politiker über Anlaufen oder Schließung von Atomkraftwerken (AKWs) bis hin zu Endlagerungen und den damit verbundenen Risiken.

Wir haben Tschernobyl erlebt, hören hier und da von Pannen, von zwischenzeitlichen Abschaltungen wegen angeblich ungefährlicher Defekte, und wir müssen wohl zur Kenntnis nehmen, daß weltweit Wissen und Sorglosigkeit eine gefährliche Einheit zu werden drohen.

ATOM? Man sieht nichts, man hört nichts, aber es kriselt, die Angst wächst! Und wie soll es weitergehen?

Atom im Nacken

Atom, Atom!
Was macht das schon!?
Unsichtbar ist die Strahlerei!
Atom, Atom!
Wer sieht es schon!?
Auch das geht wohl vorbei!

Atom, Atom!
Es kriselt schon!
Der Organismus bebt!
Atom, Atom!
Man wehrt sich schon!
Es stöhnt der Mensch, der lebt!

Atom, Atom!
Was für ein Lohn!
Zwingt Erd' und Menschen in die Knie!
Atom, Atom!
Wir strahlen schon!
Wie lebt die Nachwelt?! Wie??!

Nachwort

Aus dem Leben gegriffen, den unendlich vielen Bühnenbildern unseres Erdenlebens abgesehen und kommentiert, Situationen erlebt und zu begreifen versucht, Fakten und Träume aufgezeichnet, lyrisch und erzählend vorgeführt, was uns auszeichnet oder belastet – das war auch hier der Grundgedanke meiner Texte, Erzählungen und Gedankenspiele. Man nennt es Schicksal …

Ein großer Bogen spannte sich vom einfachen Gedicht über Lebens- und Problemlyrik, Romantik, Zeitgeschehen und diversen kulturellen Impressionen, bis hin zu Themen der Menschlichkeit und der Toleranz.

Dieses Buch in seiner Themenvielfalt heischt nicht nach Preisverleihungszeremonien (so schön und beachtenswert es wäre), sondern es kämpft um Anerkennung menschlicher Grundwerte und um die Zustimmung breitester Schichten des Volkes.

Es möge auch ein Signal für die Medien und Persönlichkeiten unserer Zeit sein, hier fördernd und empfehlend Zeichen zu setzen!

Allen Lesern, allen Menschen wünsche ich in diesem Sinne viele positiven Gedanken und eine gute Zeit!

H. P.

Inhaltsverzeichnis

IV Liebe – Romantik – Natur und Jahreszeiten

V Aus dem Leben gegriffen

VI Des Nagels Kopf getroffen

VII Lebenslauf, du Schicksalsmacht

IX Trost und Besinnlichkeit

X Musik